十四届全国人大三次会议

《政府工作报告》

大学生读本

本书编写组

中国言实出版社

东北师范大学出版社
NORTHEAST NORMAL UNIVERSITY PRESS

图书在版编目（CIP）数据

十四届全国人大三次会议《政府工作报告》大学生读本 /
本书编写组编写 . -- 北京 : 中国言实出版社 ; 长春 : 东北师范
大学出版社 , 2025.3. -- ISBN 978-7-5171-5073-2

Ⅰ . D623

中国国家版本馆 CIP 数据核字第 20251D9Z46 号

十四届全国人大三次会议《政府工作报告》大学生读本

责任编辑：张国旗　商　亮
责任校对：严　实

出版发行：中国言实出版社

　　地　　址：北京市朝阳区北苑路180号加利大厦5号楼105室
　　邮　　编：100101
　　编辑部：北京市海淀区花园北路35号院9号楼302室
　　邮　　编：100083
　　电　　话：010-64924853（总编室）　　010-64924716（发行部）
　　网　　址：www.zgyscbs.cn　电子邮箱：zgyscbs@263.net

经　　销：新华书店
印　　刷：北京鑫益晖印刷有限公司
版　　次：2025年6月第1版　　2025年6月第1次印刷
规　　格：710毫米×1000毫米　　1/16　　11.75印张
字　　数：200千字

定　　价：38.00元
书　　号：ISBN 978-7-5171-5073-2

出版说明

党的十八大以来，以习近平同志为核心的党中央始终坚持把学校思政课建设放在教育工作的重要位置。习近平总书记作出一系列重要论述，强调要坚持以新时代中国特色社会主义思想为指导，全面贯彻党的教育方针，落实立德树人根本任务，坚持思政课建设与党的创新理论武装同步推进，构建以新时代中国特色社会主义思想为核心内容的课程教材体系，深入推进大中小学思想政治教育一体化建设。要始终坚持马克思主义指导地位，以中国特色社会主义取得的举世瞩目成就为内容支撑，以中华优秀传统文化、革命文化和社会主义先进文化为力量根基，把道理讲深讲透讲活，守正创新推动思政课建设内涵式发展，不断提高思政课的针对性和吸引力。习近平总书记的重要论述，为新时代思政课建设指明了方向、提供了根本遵循。

在今年全国两会上，李强总理所作的《政府工作报告》（以下简称《报告》），以习近平新时代中国特色社会主义思想为指导，深入贯彻党的二十大和二十届二中、三中全会精神以及中央经济工作会议精神，总结了过去一年政府工作，对今年重点工作作出了具体安排。为帮助广大青年学生深入学习贯彻习近平总书记在全国两会期间的重要讲话和全国两会精神，全面了解《报告》的主要内容和重点工作，进一步熟悉和掌握国情国策，更好地为中国式现代化建设贡献青春力量，在教育部思想政治工作司和国务院研究室教科文卫研究司、信息研究司等部门单位指导下，我们编写了这本《十四届全国人大三次会议〈政府工作报告〉大学生读本》。

本书收录了《报告》全文，并根据《报告》的逻辑架构，分十二章进行解读阐释。每章设置多个学习模块：精心选取《报告》原文相关内容作了【报告摘录】，选取部分名词作了【名词浅释】，选取部分内容作了【资料拓展】，【重要表述】栏目对一些重要判断和政策举措"划了重点"。为强化学习效果，特别设置【以题辅学】栏目，选取近年来全国硕士研究生统一招生考试（以下简称"考研"）、中央机关及其直属机构录用公务员考试（以下简称"国考"）等有关题目，以练促学；从《十四届全国人大三次会议〈政府工作报告〉学习问答》中选取部分内容纳入【学习问答】栏目，供读者深入学习参阅。

本书兼具理论深度与实践导向，既可作为大学生等青年群体思想政治教育的学习用书、高校思政课教学的参考用书，也可作为"考研"和公务员考试的辅导用书。同时，对于广大干部群众更好学习理解全国两会精神、把握政策走向，亦具有重要参考价值。

出于篇幅考虑，书中参考引用的部分数据资料未尽数注明出处。如有疑问，欢迎随时联系我们。囿于编者水平，书中或存疏漏，恳请广大读者批评指正。

本书编写组

2025 年 6 月

目　录

CONTENTS

附　录

索　引

政府工作报告

——2025年3月5日在第十四届全国人民代表大会第三次会议上

国务院总理 李 强

各位代表：

现在，我代表国务院，向大会报告政府工作，请予审议，并请全国政协委员提出意见。

一、2024年工作回顾

过去一年，我国发展历程很不平凡。党的二十届三中全会胜利召开，对进一步全面深化改革、推进中国式现代化作出部署。我们隆重庆祝中华人民共和国成立75周年，极大激发了全国各族人民的爱国热情和奋斗精神。一年来，面对外部压力加大、内部困难增多的复杂严峻形势，在以习近平同志为核心的党中央坚强领导下，全国各族人民砥砺奋进、攻坚克难，经济运行总体平稳、稳中有进，全年经济社会发展主要目标任务顺利完成，高质量发展扎实推进，新质生产力稳步发展，我国经济实力、科技实力、综合国力持续增强，中国式现代化迈出新的坚实步伐，更加坚定了我们在新时代新征程全面建设社会主义现代化国家的决心和信心。

"稳"的态势巩固延续。主要表现在，经济规模稳步扩大，国内生产总值达到 134.9 万亿元、增长 5%，增速居世界主要经济体前列，对全球经济增长的贡献率保持在 30% 左右。就业、物价总体平稳，城镇新增就业 1256 万人、城镇调查失业率平均为 5.1%，居民消费价格上涨 0.2%。国际收支基本平衡，对外贸易规模创历史新高，国际市场份额稳中有升，外汇储备超过 3.2 万亿美元。民生保障扎实稳固，居民人均可支配收入实际增长 5.1%，脱贫攻坚成果持续巩固拓展，义务教育、基本养老、基本医疗、社会救助等保障力度加大。重点领域风险化解有序有效，社会大局保持稳定。

"进"的步伐坚实有力。主要表现在，产业升级有新进展，粮食产量首次跃上 1.4 万亿斤新台阶、亩产提升 10.1 斤；高技术制造业、装备制造业增加值分别增长 8.9%、7.7%，新能源汽车年产量突破 1300 万辆；信息传输软件和信息技术服务业、租赁和商务服务业增加值分别增长 10.9%、10.4%。创新能力有新提升，集成电路、人工智能、量子科技等领域取得新成果；"嫦娥六号"实现人类首次月球背面采样返回，"梦想"号大洋钻探船建成入列；技术合同成交额增长 11.2%。生态环境质量有新改善，地级及以上城市细颗粒物（$PM_{2.5}$）平均浓度下降 2.7%，优良天数比例上升至 87.2%，地表水优良水质断面比例提高到 90.4%；单位国内生产总值能耗降幅超过 3%；可再生能源新增装机 3.7 亿千瓦。改革开放有新突破，扎实有力落实党的二十届二中、三中全会改革部署，机构改革全面完成，构建全国统一大市场、渐进式延迟法定退休年龄等重大改革举措陆续推出；制造业领域外资准入限制措施全部取消，共建"一带一路"贸易投资合作不断扩容升级。

回顾过去一年，成绩来之不易。外部环境变化带来的不利影响持续加深，国内长期积累的一些深层次结构性矛盾集中显现，内需不振、预期偏弱等问题交织叠加，局部地区洪涝等自然灾害频发，保持经济社会平稳运行的难度加大。面对多重困难挑战，我们加力实施存量政策，适时优化宏观调控，积极有效应对。特别是坚决贯彻落实 9 月 26 日中央政治局会议果断部署的一揽子增量政策，推动经济明显回升，社会信心有效提振，既促进了全年目标实现，也为今年发展奠定了良好基础。在这个过程中，我们深化了对经济工作的规律性认识，进一步认识到党中央集中统一领导是做好经济工作的根本保证，必须统筹好有效市场和有为政府、总供给和总需求、培育新动能和更新旧动能、做优增量和盘活存量、提升质量和做大总量的关系。实践再次表明，在以习近平同志为核心的党中央坚强领导下，全国上下聚力攻坚，我国发展没有闯不过的难关。

一年来，我们深入学习贯彻习近平新时代中国特色社会主义思想，坚定维护以习近平同志为核心的党中央权威和集中统一领导，把党的领导贯穿政府工作各方面全过程，全面贯彻落实党的二十大和二十届二中、三中全会精神，按照党中央决策部署，主要做了以下工作。

一是因时因势加强和创新宏观调控，推动经济回升向好。去年一季度经济开局良好，但受国内外多方面因素影响，进入二季度以后主要指标连续走低，下行压力加大。我们加强逆周期调节，聚焦突出问题针对性施策，紧抓存量和增量政策落实，推动需求较快回升，生产增长加快，市场预期明显改善，全年经济运行呈现前高、中低、后扬态势。有力实施财政货币政策，扩大支出规模，加强重点领域财力保障，两次下调存款准备金率和政策利率，社会融资成本进一步降低。围绕扩大有效需求，扎实推进"两重"建设，加力支持"两新"工作，设备购置投资增长 15.7%，家电类商品零售额增长 12.3%。推动房地产市场止跌回稳，下调住房贷款利率和首付比例，居民存量房贷利息年支出减少约 1500 亿元，降低交易环节税费水平，扎实推进保交房工作。积极稳定资本市场，加快完善基础性制度，创设互换便利、回购增持再贷款等工具，市场活跃度上升。一次性增加 6 万亿元地方专项债务限额置换存量隐性债务。稳妥推进地方中小金融机构改革化险。

二是坚定不移全面深化改革扩大开放，增强发展内生动力。清理废除妨碍全国统一市场的规定做法，制定实施公平竞争审查条例，出台规范地方招商引资的措施。深化国有企业改革，持续优化国有经济布局。提请全国人大常委会审议民营经济促进法草案，改善民营经济发展环境。积极拓展外贸新增长点，进出口结构不断优化，外贸出口对经济增长贡献增大。全面实施跨境服务贸易负面清单。开展增值电信、生物技术、独资医院开放试点。加大单边开放力度，对所有同中国建交的最不发达国家产品全面给予零关税待遇。扩大单方面免签国家范围，过境免签境内停留时间延长至240小时，入境旅游持续升温。高质量共建"一带一路"成效显著，一批重大工程、民生项目稳步实施。

三是大力推动创新驱动发展，促进产业结构优化升级。推进科技强国建设，全面启动实施国家科技重大专项，加快完善重大科技基础设施体系，加强拔尖创新人才培养。稳定工业经济运行，推进制造业技术改造升级，制造业投资增长9.2%。新培育一批国家级先进制造业集群，商业航天、北斗应用、新型储能等新兴产业快速发展。制定修订环保、安全等强制性国家标准。加快数字中国建设，数字经济核心产业增加值占国内生产总值比重达到10%左右。

四是统筹城乡区域协调发展，优化经济布局。出台实施新型城镇化战略五年行动计划，扎实推进城市更新，常住人口城镇化率提高到67%。坚持不懈夯实农业基础，防灾减灾和综合生产能力稳步提高，乡村全面振兴取得新成效。出台一批区域发展政策，实施一批区域重大项目，健全主体功能区制度政策，区域融合发展取得新进展。

五是积极发展社会事业，增进民生福祉。出台促进高质量充分就业的政策措施，强化对企业吸纳就业的支持，高校毕业生、脱贫人口、农民工等重点群体就业保持稳定。推进教育强国建设。提高义务教育阶段家庭经济困难学生生活补助标准。国家奖助学金提标扩面、助学贷款提额降息，惠及学生3400多万人次。巩固"双减"成果，持续优化基础教育生态。推进医疗机构检查检验结果互认，扩大基层慢性病、常见病用药种类。扎实做好重点传染病防治。扩大职工医保个人账户共济范围。提高城乡居民基础养老金和退休人员基本养老金。深化养老服务改革，制定促进银发经济发展的政策。强化残疾人权益保障。提高优抚补助标准。健全低保标准确定和调整机制，拓展救助对象范围。向困难群众发放一次性生活补助，惠及1100多万人。完善全国年节及纪念日放假办法。繁荣发展文化事业和文化产业，文化和旅游市场持续活跃。扎实筹办第九届亚洲冬季运动会，成功举办第十二届全国少数民族传统体育运动会，我国体育健儿在巴黎奥运会取得境外参赛最好成绩。

六是持续加强生态环境保护，提升绿色低碳发展水平。强化生态环境综合治理，主要污染物排放量继续下降。深入实施重要生态系统保护和修复重大工程，荒漠化、沙化土地面积持续"双缩减"。生物多样性保护取得积极成效，大量珍稀濒危野生动植物种群稳步增长。推动重点行业节能降碳改造，推进新能源开发利用，非化石能源发电量占总发电量的比重接近40%。启动全国温室气体自愿减排交易市场。全国碳排放权交易更趋活跃。

七是加强政府建设和治理创新，保持社会和谐稳定。贯彻落实党中央全面从严治党战略部署，严格落实中央八项规定精神，扎实开展党纪学习教育，大力整治形式主义、官僚主义，切实为基层减负，深入治理群众身边的不正之风，持续加强党风廉政建设和反腐败斗争。深入推进依法行政。提请全国人大常委会审议法律议案19件，制定修订行政法规28部。自觉依法接受监督。认真办理人大代表建议和政协委员提案。加强行政执法监督，规范涉企行政检查。推出两批"高效办成一件事"重点事项清单，推动线上线下服务能力整体提升。开展推动高质量发展综合督查。创新和完善社会治理。加强矛盾纠纷排查化解，推进信访工作法治化。强化应急管理和安全生产，开展燃气、电动自行车等安全隐患全链条专项整治。有效防范应对洪涝、台风、地震等自然灾害。完善国家安全体系。严防极端案事件发生，依法严惩恶性犯罪，全力保障人民群众生命财产安全和社会稳定。

过去一年，中国特色大国外交开创新局面。习近平主席等党和国家领导人出访多国，出席上海合作组织峰会、金砖国家领导人会晤、亚太经合组织领导人非正式会议、二十国集团领导人峰会、东亚合作领导人系列会议等重大多双边活动。成功举办中非合作论坛北京峰会、和平共处五项原则发表70周年纪念大会、中阿合作论坛部长级会议等重大主场外交活动。推动构建人类命运共同体，巩固拓展全球伙伴关系，坚持真正的多边主义，在应对全球性挑战和解决国际地区热点问题中发挥积极建设性作用。中国为促进世界和平与发展作出了重要贡献。

过去一年取得的成绩，根本在于习近平总书记领航掌舵，在于习近平新时代中国特色社会主义思想科学指引，是以习近平同志为核心的党中央坚强领导的结果，是全党全军全国各族人民团结奋斗的结果。我代表国务院，向全国各族人民，向各民主党派、各人民团体和各界人士，表示衷心感谢！向香港特别行政区同胞、澳门特别行政区同胞、台湾同胞和海外侨胞，表示衷心感谢！向关心和支持中国现代化建设的各国政府、国际组织和各国朋友，表示衷心感谢！

在肯定成绩的同时，我们也清醒看到面临的问题和挑战。从国际看，世界百年变局加速演进，外部环境更趋复杂严峻，可能对我国贸易、科技等领域造成更大冲击。世界经济增长动能不足，单边主义、保护主义加剧，多边贸易体制受阻，关税壁垒增多，冲击全球产业链供应链稳定，对国际经济循环造成阻碍。地缘政治紧张因素依然较多，影响全球市场预期和投资信心，加剧国际市场波动风险。从国内看，经济回升向好基础还不稳固，有效需求不足，特别是消费不振。部分企业生产经营困难，账款拖欠问题仍较突出。群众就业增收面临压力。民生领域存在短板。一些地方基层财政困难。社会矛盾化解和风险防范工作还需要加强。政府效能和依法行政能力有待提升。一些工作协调配合不够，有的政策落地偏慢、效果不及预期。有的部门服务观念不强、办事效率不高。一些干部乱作为、不作为、不善为，一些领域和地方腐败问题依然多发。我们既要正视困难问题，更要坚定发展信心。我国具有显著的制度优势，有超大规模市场、完备产业体系、丰富人力人才资源等诸多优势条件，有长远规划、科学调控、上下协同的有效治理机制，有需求升级、结构优化、动能转换的广阔增量空间，经济长期向好的基本趋势没有改变也不会改变，我国经济航船必将乘风破浪、行稳致远！

二、2025年经济社会发展总体要求和政策取向

今年是"十四五"规划收官之年。做好政府工作，要在以习近平同志为核心的党中央坚强领导下，以习近平新时代中国特色社会主义思想为指导，全面贯彻落实党的二十大和二十届二中、三中全会精神，按照中央经济工作会议部署，坚持稳中求进工作总基调，完整准确全面贯彻新发展理念，加快构建新发展格局，扎实推动高质量发展，进一步全面深化改革，扩大高水平对外开放，建设现代化产业体系，更好统筹发展和安全，实施更加积极有为的宏观政策，扩大国内需求，推动科技创新和产业创新融合发展，稳住楼市股市，防范化解重点领域风险和外部冲击，稳定预期、激发活力，推动经济持续回升向好，不断提高人民生活水平，保持社会和谐稳定，高质量完成"十四五"规划目标任务，为实现"十五五"良好开局打牢基础。

今年发展主要预期目标是：国内生产总值增长5%左右；城镇调查失业率5.5%左右，城镇新增就业1200万人以上；居民消费价格涨幅2%左右；居民收入增长和经济增长同步；国际收支保持基本平衡；粮食产量1.4万亿斤左右；单位国内生产总值能耗降低3%左右，生态环境质量持续改善。

提出上述预期目标，综合考虑了国内外形势和各方面因素，兼顾了需要与可能。经济增长预期目标为5%左右，既是稳就业、防风险、惠民生的需要，也有经济增长潜力和有利条件支撑，并与中长期发展目标相衔接，突出迎难而上、奋发有为的鲜明导向。城镇调查失业率

5.5% 左右，体现了在就业总量和结构性矛盾更加突出背景下，加大稳就业力度的要求。居民消费价格涨幅 2% 左右，目的在于通过各项政策和改革共同作用，改善供求关系，使价格总水平处在合理区间。实现这些目标很不容易，必须付出艰苦努力。

我们将坚持稳中求进、以进促稳，守正创新、先立后破，系统集成、协同配合，充实完善政策工具箱，根据形势变化动态调整政策，提高宏观调控的前瞻性、针对性、有效性。注重目标引领，把握政策取向，讲求时机力度，强化系统思维，提升宏观政策实施效能。

实施更加积极的财政政策。统筹安排收入、债券等各类财政资金，确保财政政策持续用力、更加给力。今年赤字率拟按 4% 左右安排、比上年提高 1 个百分点，赤字规模 5.66 万亿元、比上年增加 1.6 万亿元。一般公共预算支出规模 29.7 万亿元、比上年增加 1.2 万亿元。拟发行超长期特别国债 1.3 万亿元、比上年增加 3000 亿元。拟发行特别国债 5000 亿元，支持国有大型商业银行补充资本。拟安排地方政府专项债券 4.4 万亿元、比上年增加 5000 亿元，重点用于投资建设、土地收储和收购存量商品房、消化地方政府拖欠企业账款等。今年合计新增政府债务总规模 11.86 万亿元、比上年增加 2.9 万亿元，财政支出强度明显加大。要加快各项资金下达拨付，尽快形成实际支出。持续优化支出结构，更加注重惠民生、促消费、增后劲，切实提高资金使用效益。中央财政加大对地方一般性转移支付力度，向困难地区和欠发达地区倾斜。严格落实分级保障责任，筑牢兜实基层"三保"底线。坚持政府过紧日子，推进财政科学管理，严肃财经纪律，严禁铺张浪费，腾出更多资金用于发展所需、民生所盼。

实施适度宽松的货币政策。发挥好货币政策工具的总量和结构双重功能，适时降准降息，保持流动性充裕，使社会融资规模、货币供应量增长同经济增长、价格总水平预期目标相匹配。优化和创新结构性货币政策工具，更大力度促进楼市股市健康发展，加大对科技创新、绿色发展、提振消费以及民营、小微企业等的支持。进一步疏通货币政策传导渠道，完善利率形成和传导机制，落实无还本续贷政策，强化融资增信和风险分担等支持措施。推动社会综合融资成本下降，提升金融服务可获得性和便利度。保持人民币汇率在合理均衡水平上的基本稳定。拓展中央银行宏观审慎与金融稳定功能，创新金融工具，维护金融市场稳定。

强化宏观政策民生导向。坚持以人民为中心，经济政策的着力点更多转向惠民生、促消费，以消费提振畅通经济循环，以消费升级引领产业升级，在保障和改善民生中打造新的经济增长点。推动更多资金资源"投资于人"、服务于民生，支持扩大就业、促进居民增收减负、加强消费激励，形成经济发展和民生改善的良性循环。

打好政策"组合拳"。加强财政、货币、就业、产业、区域、贸易、环保、监管等政策协同以及与改革开放举措的协调配合，增强政策合力。健全和用好宏观政策取向一致性评估工作机制，把经济政策和非经济性政策统一纳入一致性评估，统筹政策制定和执行全过程，提升政策目标、工具、时机、力度、节奏的匹配度。出台实施政策要能早则早、宁早勿晚，与各种不确定性抢时间，看准了就一次性给足，提高政策实效。加强上下联动、横向协作，促进政策从"最初一公里"到"最后一公里"衔接畅通。注重倾听市场声音，协同推进政策实施和预期引导，塑造积极的社会预期。

完成好今年目标任务，必须深入贯彻习近平经济思想，紧抓高质量发展这个首要任务，坚持以质取胜和发挥规模效应相统一，实现质的有效提升和量的合理增长。坚定实施扩大内需战略，做大做强国内大循环，在扩大开放中拓展国际合作空间，实现国内国际双循环在更高水平上相互促进、良性互动。持续深化供给侧结构性改革，着力破解消费供给的结构性矛盾，更加注重以高质量供给引领需求、创造需求。坚持以进一步全面深化改革调动各方面积极性，激发全社会创新创造活力。

三、2025年政府工作任务

今年经济社会发展任务十分繁重。我们要突出重点、把握关键，着重抓好以下几个方面工作。

（一）大力提振消费、提高投资效益，全方位扩大国内需求。促进消费和投资更好结合，加快补上内需特别是消费短板，使内需成为拉动经济增长的主动力和稳定锚。

实施提振消费专项行动。制定提升消费能力、增加优质供给、改善消费环境专项措施，释放多样化、差异化消费潜力，推动消费提质升级。多渠道促进居民增收，推动中低收入群体增收减负，完善劳动者工资正常增长机制。安排超长期特别国债3000亿元支持消费品以旧换新。从放宽准入、减少限制、优化监管等方面入手，扩大健康、养老、助残、托幼、家政等多元化服务供给。创新和丰富消费场景，加快数字、绿色、智能等新型消费发展。落实和优化休假制度，释放文化、旅游、体育等消费潜力。完善免税店政策，推动扩大入境消费。深化国际消费中心城市建设，健全县域商业体系。完善全口径消费统计制度。强化消费者权益保护，营造安全放心消费环境。

积极扩大有效投资。紧扣国家发展战略和民生需求，发挥好各类政府投资工具作用，加强财政与金融配合，强化项目储备和要素保障，加快实施一批重点项目，推动"十四五"规划重大工程顺利收官。切实选准选好项目，管好用好资金，保障在建项目资金需求，坚决防止低效无效投资。今年中央预算内投资拟安排7350亿元。用好超长期特别国债，强化超长期贷款等配套融资，加强自上而下组织协调，更大力度支持"两重"建设。优化地方政府专项债券管理机制，实施好投向领域负面清单管理、下放项目审核权限等措施。简化投资审批流程，建立健全跨部门跨区域重大项目协调推进机制。加大服务业投资力度。支持和鼓励民间投资发展，规范实施政府和社会资本合作新机制，引导更多民间资本参与重大基础设施、社会民生等领域建设，让民间资本有更大发展空间。

（二）因地制宜发展新质生产力，加快建设现代化产业体系。推动科技创新和产业创新融合发展，大力推进新型工业化，做大做强先进制造业，积极发展现代服务业，促进新动能积厚成势、传统动能焕新升级。

培育壮大新兴产业、未来产业。深入推进战略性新兴产业融合集群发展。开展新技术新产品新场景大规模应用示范行动，推动商业航天、低空经济、深海科技等新兴产业安全健康发展。建立未来产业投入增长机制，培育生物制造、量子科技、具身智能、6G 等未来产业。深化先进制造业和现代服务业融合发展试点，加快发展服务型制造。加强产业统筹布局和产能监测预警，促进产业有序发展和良性竞争。加快国家高新区创新发展。梯度培育创新型企业，促进专精特新中小企业发展壮大，支持独角兽企业、瞪羚企业发展，让更多企业在新领域新赛道跑出加速度。

推动传统产业改造提升。加快制造业重点产业链高质量发展，强化产业基础再造和重大技术装备攻关。进一步扩范围、降门槛，深入实施制造业重大技术改造升级和大规模设备更新工程。加快制造业数字化转型，培育一批既懂行业又懂数字化的服务商，加大对中小企业数字化转型的支持。开展标准提升引领传统产业优化升级行动。深入推进制造业"增品种、提品质、创品牌"工作，加强全面质量管理，打造名品精品、经典产业。

激发数字经济创新活力。持续推进"人工智能 +"行动，将数字技术与制造优势、市场优势更好结合起来，支持大模型广泛应用，大力发展智能网联新能源汽车、人工智能手机和电脑、智能机器人等新一代智能终端以及智能制造装备。扩大 5G 规模化应用，加快工业互联网创新发展，优化全国算力资源布局，打造具有国际竞争力的数字产业集群。加快完善数据基础制度，深化数据资源开发利用，促进和规范数据跨境流动。促进平台经济规范健康发展，更好发挥其在促创新、扩消费、稳就业等方面的积极作用。

（三）深入实施科教兴国战略，提升国家创新体系整体效能。坚持创新引领发展，一体推进教育发展、科技创新、人才培养，筑牢中国式现代化的基础性、战略性支撑。

加快建设高质量教育体系。制定实施教育强国建设三年行动计划。全面实施新时代立德树人工程，推进大中小学思政课一体化改革创新。深入实施基础教育扩优提质工程，健全与人口变化相适应的资源统筹调配机制。加强义务教育学校标准化建设，推动义务教育优质均衡发展，扩大高中阶段教育学位供给，提升县域高中质量，逐步推行免费学前教育。办好特殊教育、继续教育、专门教育，引导规范民办教育发展。推进职普融通、产教融合，增强职业教育适应性。分类推进高校改革，扎实推进优质本科扩容，加快"双一流"建设，完善学科设置调整机制和人才培养模式。积极开展学校体育活动，普及心理健康教育，关爱师生身心健康。弘扬教育家精神，建设高素质专业化教师队伍，加强师德师风建设和教师待遇保障。要紧紧围绕国家需求和群众关切推进教育改革发展，加快从教育大国向教育强国迈进。

推进高水平科技自立自强。充分发挥新型举国体制优势，强化关键核心技术攻关和前沿性、颠覆性技术研发，加快组织实施和超前布局重大科技项目。优化国家战略科技力量布局，推进科研院所改革，探索国家实验室新型科研组织模式，增强国际和区域科技创新中心辐射带动能力。推动科技支出向基础研究倾斜，完善竞争性支持和稳定支持相结合的投入机制，提高基础研究组织化程度。发挥科技领军企业龙头作用，加强企业主导的产学研深度融合，从制度上保障企业参与国家科技创新决策、承担重大科技项目。完善中央财政科技经费分配和管理使用机制。健全科技成果转化支持政策和市场服务，推进职务科技成果赋权和资产单列管理改革，提升科技成果转化效能。加强知识产权保护和运用。加快概念验证、中试验证和行业共性技术平台建设。健全创投基金差异化监管制度，强化政策性金融支持，加快发展创业投资、壮大耐心资本。扩大科技开放合作。加强科学普及工作，提升公民科学素质。弘扬科学家精神，推动形成鼓励探索、宽容失败的创新环境。

全面提高人才队伍质量。发挥人才高地和人才平台的辐射作用，加快建设国家战略人才力量，加强拔尖创新人才、重点领域急需紧缺人才和高技能人才培养。大力支持、大胆使用青年科技人才。弘扬工匠精神，建设一流产业技术工人队伍。完善海外引进人才支持保障机制，优化外籍人才服务。深化人才管理和使用制度改革，赋予用人单位更大自主权，推动产学研人才联合培养和交流。促进人才区域合理布局，加强东中西部人才协作，鼓励优秀人才在中西部地区建功立业。深化人才分类评价改革和科教界"帽子"治理，建立以创新能力、质量、实效、贡献为导向的人才评价体系，鼓励各类人才潜心钻研、厚积薄发。

（四）推动标志性改革举措加快落地，更好发挥经济体制改革牵引作用。扎实推进重点领域改革，着力破除制约发展的体制机制障碍，创造更加公平、更有活力的市场环境。

有效激发各类经营主体活力。坚持和落实"两个毫不动摇"。高质量完成国有企业改革深化提升行动，实施国有经济布局优化和结构调整指引，加快建立国有企业履行战略使命评价制度。扎扎实实落实促进民营经济发展的法律法规和政策措施，切实依法保护民营企业和民营企业家合法权益，鼓励有条件的民营企业建立完善中国特色现代企业制度。加力推进清理拖欠企业账款工作，强化源头治理和失信惩戒，落实解决拖欠企业账款问题长效机制。深化政企常态化沟通交流，切实帮助企业解决实际困难和问题。多措并举精准支持个体工商户发展。开展规范涉企执法专项行动，集中整治乱收费、乱罚款、乱检查、乱查封，坚决防止违规异地执法和趋利性执法。政府要寓管理于服务之中，用服务的暖心增强企业的信心。

纵深推进全国统一大市场建设。加快建立健全基础制度规则，破除地方保护和市场分割，打通市场准入退出、要素配置等方面制约经济循环的卡点堵点，综合整治"内卷式"竞争。实施全国统一大市场建设指引，修订出台新版市场准入负面清单，优化新业态新领域市场准入环境。制定重点领域公平竞争合规指引，改革完善招标投标体制机制。出台健全社会信用体系的政策，构建统一的信用修复制度。完善企业简易退出制度，逐步推广经营主体活动发生地统计。加快建设统一开放的交通运输市场，实施降低全社会物流成本专项行动。

深化财税金融体制改革。开展中央部门零基预算改革试点，支持地方深化零基预算改革，在支出标准、绩效评价等关键制度上积极创新。加快推进部分品目消费税征收环节后移并下划地方，增加地方自主财力。规范税收优惠政策。积极探索建立激励机制，促进地方在高质量发展中培育财源。严控财政供养人员规模。完善科技金融、绿色金融、普惠金融、养老金融、数字金融标准体系和基础制度。深化资本市场投融资综合改革，大力推动中长期资金入市，加强战略性力量储备和稳市机制建设。改革优化股票发行上市和并购重组制度。加快多层次债券市场发展。

（五）扩大高水平对外开放，积极稳外贸稳外资。无论外部环境如何变化，始终坚持对外开放不动摇，稳步扩大制度型开放，有序扩大自主开放和单边开放，以开放促改革促发展。

稳定对外贸易发展。加大稳外贸政策力度，支持企业稳订单拓市场。优化融资、结算、外汇等金融服务，扩大出口信用保险承保规模和覆盖面，强化企业境外参展办展支持。促进跨境电商发展，完善跨境寄递物流体系，加强海外仓建设。拓展境外经贸合作区功能，发展中间品贸易，开拓多元化市场。支持内外贸一体化发展，加快解决标准认证、市场渠道等方面问题。推动服务贸易创新发展，提升传统优势服务竞争力，鼓励服务出口，扩大优质服务进口。培育绿色贸易、数字贸易等新增长点，支持有条件的地方发展新型离岸贸易，积极发展边境贸易。高质量办好进博会、广交会、服贸会、数贸会、消博会等重大展会。推进智慧海关建设与合作，提升通关便利化水平。

大力鼓励外商投资。推进服务业扩大开放综合试点示范，推动互联网、文化等领域有序开放，扩大电信、医疗、教育等领域开放试点。鼓励外国投资者扩大再投资，支持参与产业链上下游配套协作。切实保障外资企业在要素获取、资质许可、标准制定、政府采购等方面的国民待遇。加强外资企业服务保障，加快标志性项目落地，持续打造"投资中国"品牌。推动自贸试验区提质增效和扩大改革任务授权，加紧推进海南自由贸易港核心政策落地，完善经开区开放发展政策，促进综合保税区转型升级。持续营造市场化、法治化、国际化一流营商环境，让外资企业更好发展。

推动高质量共建"一带一路"走深走实。统筹推进重大标志性工程和"小而美"民生项目建设，形成一批示范性合作成果。保障中欧班列稳定畅通运行，加快西部陆海新通道建设。引导对外投资健康安全有序发展，强化法律、金融、物流等海外综合服务，优化产业链供应链国际合作布局。

深化多双边和区域经济合作。持续扩大面向全球的高标准自由贸易区网络，推动签署中国—东盟自贸区 3.0 版升级协定，积极推动加入《数字经济伙伴关系协定》和《全面与进步跨太平洋伙伴关系协定》进程。坚定维护以世界贸易组织为核心的多边贸易体制，扩大同各国利益的汇合点，促进共同发展。

（六）有效防范化解重点领域风险，牢牢守住不发生系统性风险底线。更好统筹发展和安全，坚持在发展中逐步化解风险，努力实现高质量发展和高水平安全的良性互动。

持续用力推动房地产市场止跌回稳。因城施策调减限制性措施，加力实施城中村和危旧房改造，充分释放刚性和改善性住房需求潜力。优化城市空间结构和土地利用方式，合理控制新增房地产用地供应。盘活存量用地和商办用房，推进收购存量商品房，在收购主体、价格和用途方面给予城市政府更大自主权。拓宽保障性住房再贷款使用范围。发挥房地产融资协调机制作用，继续做好保交房工作，有效防范房企债务违约风险。有序搭建相关基础性制度，加快构建房地产发展新模式。适应人民群众高品质居住需要，完善标准规范，推动建设安全、舒适、绿色、智慧的"好房子"。

稳妥化解地方政府债务风险。坚持在发展中化债、在化债中发展，完善和落实一揽子化债方案，优化考核和管控措施，动态调整债务高风险地区名单，支持打开新的投资空间。按照科学分类、精准置换的原则，做好地方政府隐性债务置换工作。完善政府债务管理制度，坚决遏制违规举债冲动。加快剥离地方融资平台政府融资功能，推动市场化转型和债务风险化解。

积极防范金融领域风险。按照市场化、法治化原则，一体推进地方中小金融机构风险处置和转型发展，综合采取补充资本金、兼并重组、市场退出等方式分类化解风险。完善中小金融机构功能定位和治理机制，推动实现差异化、内涵式发展。健全金融监管体系，加强跨部门合作，强化央地监管协同，保持对非法金融活动的高压严打态势。充实存款保险基金、金融稳定保障基金等化险资源。完善应对外部风险冲击预案，有效维护金融安全稳定。

（七）着力抓好"三农"工作，深入推进乡村全面振兴。坚持农业农村优先发展，学习运用"千万工程"经验，完善强农惠农富农支持制度，千方百计推动农业增效益、农村增活力、农民增收入。

持续增强粮食等重要农产品稳产保供能力。稳定粮食播种面积，主攻单产和品质提升。巩固大豆扩种成果，开发挖掘油料扩产潜力。推动棉糖胶等稳产提质。扶持畜牧业、渔业稳定发展，支持发展现代设施农业，全方位开发食物资源。严守耕地红线，严格占补平衡管理。高质量推进高标准农田建设、管护、利用，加强农田水利设施和现代化灌区建设，推进退化耕地治理和撂荒地复垦。深入实施种业振兴行动。加快先进适用农机装备研发应用和农业科技成果大面积推广。综合施策推动粮食等重要农产品价格保持在合理水平。启动中央统筹下的粮食产销区省际横向利益补偿，加大对产粮大县支持，保护种粮农民和粮食主产区积极性。各地区都要扛稳保障国家粮食安全责任，共同把饭碗端得更牢。

毫不松懈巩固拓展脱贫攻坚成果。提高监测帮扶效能，持续巩固提升"三保障"和饮水安全成果，确保不发生规模性返贫致贫。加强易地搬迁后续扶持，分类推进帮扶产业提质增效，加大就业帮扶力度，扩大以工代赈规模。深化东西部协作、定点帮扶、消费帮扶。健全脱贫攻坚国家投入形成资产的长效管理机制。统筹建立农村防止返贫致贫机制和低收入人口、欠发达地区分层分类帮扶制度，开展巩固拓展脱贫攻坚成果同乡村振兴有效衔接总体评估，完善过渡期后帮扶政策体系。

扎实推进农村改革发展。巩固和完善农村基本经营制度，有序推进第二轮土地承包到期后再延长 30 年试点，扩大整省试点范围。完善承包地经营权流转价格形成机制，提高农业社会化服务质效。支持发展新型农村集体经济。创新乡村振兴投融资机制。壮大乡村人才队伍。深化集体林权、农垦、供销社、农业水价等改革。因地制宜推动兴业、强县、富民一体发展，做好"土特产"文章，发展林下经济，促进乡村特色产业延链增效、联农带农，拓宽农民增收渠道。加强文明乡风建设，丰富农民文化生活，推进农村移风易俗。持续改善农村基础设施、公共服务和人居环境，建设宜居宜业和美乡村。

（八）推进新型城镇化和区域协调发展，进一步优化发展空间格局。完善实施区域协调发展战略机制，坚持以人为本提高城镇化质量水平，构建优势互补的区域经济布局和国土空间体系。

深入实施新型城镇化战略行动。科学有序推进农业转移人口市民化，全面推进常住地提供基本公共服务，强化随迁子女义务教育保障，推动将符合条件的农业转移人口纳入住房保障体系，畅通参加社会保险渠道。加快补齐县城基础设施和公共服务短板，大力发展县域经济，提高城乡规划、建设、治理融合水平。发展现代化都市圈、优化空间格局，提升超大特大城市现代化治理水平，促进大中小城市和小城镇协调发展。持续推进城市更新和城镇老旧小区改造，统筹城市低效用地再开发，加快健全城市防洪排涝体系，加强燃气、给排水、热力、地下管廊等建设和协同管理。发展数字化、智能化基础设施，完善无障碍适老化配套设施，提升社区综合服务功能，打造宜居、韧性、智慧城市。

加大区域战略实施力度。发挥区域协调发展战略、区域重大战略、主体功能区战略的叠加效应，积极培育新的增长极。深入实施西部大开发、东北全面振兴、中部地区加快崛起、东部地区加快推进现代化等战略。提升京津冀、长三角、粤港澳大湾区等经济发展优势区域的创新能力和辐射带动作用。深入推动长江经济带建设、黄河流域生态保护和高质量发展。支持经济大省挑大梁，在要素保障、科技创新、改革开放先行先试等方面制定支持政策。鼓励其他地区因地制宜、各展所长。高标准高质量推进雄安新区建设。推动成渝地区双城经济圈建设走深走实。深化东、中、西、东北地区产业协作，推动产业有序梯度转移。支持革命老区、民族地区加快发展，加强边疆地区建设，推进兴边富民、稳边固边。积极探索资源型地区转型发展新路径。大力发展海洋经济，建设全国海洋经济发展示范区。

（九）协同推进降碳减污扩绿增长，加快经济社会发展全面绿色转型。进一步深化生态文明体制改革，统筹产业结构调整、污染治理、生态保护、应对气候变化，推进生态优先、节约集约、绿色低碳发展。

加强污染防治和生态建设。持续深入推进蓝天、碧水、净土保卫战。制定固体废物综合治理行动计划，加强新污染物协同治理和环境风险管控。深入实施生态环境分区管控，统筹推进山水林田湖草沙一体化保护和系统治理，全面推进以国家公园为主体的自然保护地体系建设，推动"三北"工程标志性战役取得重要成果。实施生物多样性保护重大工程，坚定推进长江十年禁渔。健全生态保护补偿和生态产品价值实现机制。积极推进美丽中国先行区建设，不断满足人民群众对良好生态环境新期待。

加快发展绿色低碳经济。完善支持绿色低碳发展的政策和标准体系，营造绿色低碳产业健康发展生态。深入实施绿色低碳先进技术示范工程，培育绿色建筑、绿色能源、绿色交通等新增长点。完善资源总量管理和全面节约制度，加强重点用能用水单位节能节水管理，有力有效管控高耗能项目。加强废弃物循环利用，大力推广再生材料使用，促进循环经济发展。健全绿色消费激励机制，推动形成绿色低碳的生产方式和生活方式。

积极稳妥推进碳达峰碳中和。扎实开展国家碳达峰第二批试点，建立一批零碳园区、零碳工厂。加快构建碳排放双控制度体系，扩大全国碳排放权交易市场行业覆盖范围。开展碳排放统计核算，建立产品碳足迹管理体系、碳标识认证制度，积极应对绿色贸易壁垒。加快建设"沙戈荒"新能源基地，发展海上风电，统筹就地消纳和外送通道建设。开展煤电低碳化改造试点示范。规划应对气候变化一揽子重大工程，积极参与和引领全球环境与气候治理。

（十）加大保障和改善民生力度，提升社会治理效能。加强普惠性、基础性、兜底性民生建设，稳步提高公共服务和社会保障水平，促进社会和谐稳定，不断增强人民群众获得感幸福感安全感。

更大力度稳定和扩大就业。就业是民生之本。要完善就业优先政策，加大各类资金资源统筹支持力度，促进充分就业、提高就业质量。实施重点领域、重点行业、城乡基层和中小微企业就业支持计划，用足用好稳岗返还、税费减免、就业补贴等政策。支持劳动密集型产业吸纳和稳定就业，统筹好新技术应用和岗位转换，创造新的就业机会。优化就业创业服务，拓宽高校毕业生等青年就业创业渠道，做好退役军人安置和就业服务，促进脱贫人口、农民工就业，强化大龄、残疾、较长时间失业等就业困难群体帮扶。加强灵活就业和新就业形态劳动者权益保障，推进扩大职业伤害保障试点。切实保障劳动者工资发放，清理整治欠薪，坚决纠正各类就业歧视。开展大规模职业技能提升培训行动，增加制造业、服务业紧缺技能人才供给。加快构建技能导向的薪酬分配制度，提高技能人才待遇水平，让多劳者多得、技高者多得、创新者多得。

强化基本医疗卫生服务。实施健康优先发展战略，促进医疗、医保、医药协同发展和治理。深化以公益性为导向的公立医院改革，推进编制动态调整，建立以医疗服务为主导的收费机制，完善薪酬制度，优化绩效考核。改善病房和诊疗条件，以患者为中心持续改善医疗服务。促进优质医疗资源扩容下沉和区域均衡布局，实施医疗卫生强基工程。加强护理、儿科、病理、全科、老年医学专业队伍建设，完善精神卫生服务体系。优化药品和耗材集采政策，强化质量评估和监管，让人民群众用药更放心。健全药品价格形成机制，制定创新药目录，支持创新药和医疗器械发展。完善中医药传承创新发展机制，推动中医药事业和产业高质量发展。加强疾病预防控制体系建设，统筹做好重点传染病防控。居民医保和基本公共卫生服务经费人均财政补助标准分别再提高 30 元和 5 元。稳步推动基本医疗保险省级统筹，健全基本医疗保险筹资和待遇调整机制，深化医保支付方式改革，促进分级诊疗。全面建立药品耗材追溯机制，严格医保基金监管，让每一分钱都用于增进人民健康福祉。

完善社会保障和服务政策。城乡居民基础养老金最低标准再提高 20 元，适当提高退休人员基本养老金。加快发展第三支柱养老保险，实施好个人养老金制度。积极应对人口老龄化，完善发展养老事业和养老产业政策机制，大力发展银发经济。加快发展智慧养老。推进社区支持的居家养老，强化失能老年人照护，加大对老年助餐服务、康复辅助器具购置和租赁支持力度，扩大普惠养老服务，推动农村养老服务发展。加快建立长期护理保险制度。制定促进生育政策，发放育儿补贴，大力发展托幼一体服务，增加普惠托育服务供给。稳妥实施渐进式延迟法定退休年龄改革。做好军人军属、退役军人和其他优抚对象优待抚恤工作。加强困境儿童、流动儿童和留守儿童关爱服务。

做好重度残疾人托养照护服务，提升残疾预防和康复服务水平。加强低收入人口动态监测和常态化救助帮扶，完善分层分类社会救助体系，保障困难群众基本生活。

加强精神文明建设。完善培育和践行社会主义核心价值观制度机制，推进群众性精神文明创建和公民道德建设。发展哲学社会科学、新闻出版、广播影视、文学艺术和档案等事业，加强智库建设。深化全民阅读活动。加强和改进未成年人思想道德建设。健全网络生态治理长效机制，发展积极健康的网络文化，推动新时代网络强国建设。完善公共文化服务体系，推动优质文化资源直达基层。健全文化产业体系和市场体系，加快发展新型文化业态，大力发展旅游业。推进文化遗产系统性保护，提升文物、非物质文化遗产保护利用和考古研究水平。扩大国际人文交流合作，全面提升国际传播效能。改革完善竞技体育管理体制和运行机制。办好第十五届全国运动会和第十二届世界运动会。积极发展冰雪运动和冰雪经济。推进群众身边的运动场地设施建设，广泛开展全民健身活动。加强青少年科学健身普及和健康干预，让年轻一代在运动中强意志、健身心。

维护国家安全和社会稳定。全面贯彻总体国家安全观，完善维护国家安全体制机制，推进国家安全体系和能力现代化。落实维护社会稳定责任制，加强公共安全治理，强化基层应急基础和力量。深入实施安全生产治本攻坚三年行动，做好重点行业领域安全生产风险排查整治，坚决遏制重特大事故发生。严格食品药品监管，抓好校园学生餐、平台外卖安全监管。加强气象服务。做好洪涝、干旱、台风、森林草原火灾、地质灾害、地震等自然灾害防范应对。做好西藏定日县地震灾后恢复重建，提高重点地区房屋、基础设施抗震能力。健全城乡基层治理体系，加强乡镇街道服务管理力量，提高市域社会治理能力。全面深化事业单位改革。引导支持社会组织、人道救助、志愿服务、公益慈善等健康发展。发挥好行业协会商会行业自律作用。保障妇女、儿童、老年人、残疾人合法权益。坚持和发展新时代"枫桥经验"，推进基层综治中心规范化建设，持续推进信访工作法治化，进一步加强社会矛盾和风险隐患排查，把矛盾纠纷化解在基层、化解在萌芽状态。提升公共法律服务均衡性和可及性。健全社会心理服务体系和危机干预机制，培育自尊自信、理性平和、积极向上的社会心态。建设更高水平的平安中国，完善社会治安整体防控体系，依法严厉打击黑恶势力、电信网络诈骗等违法犯罪活动，保障人民群众安居乐业、社会安定有序。

今年将开展"十五五"规划编制工作。要深入分析"十五五"时期新的阶段性特征，科学确定发展目标，谋划好重大战略任务、重大政策举措、重大工程项目，更好发挥规划对经济社会发展的引领指导作用。

应对新挑战、完成新任务，对政府工作提出新的更高要求。各级政府及其工作人员要深刻领悟"两个确立"的决定性意义，增强"四个意识"、坚定"四个自信"、做到"两个维护"，自觉在思想上政治上行动上同以习近平同志为核心的党中央保持高度一致。坚决扛起全面从严治党政治责任，深入贯彻中央八项规定精神，坚定不移推进政府党风廉政建设和反腐败斗争。全面提升政府履职能力，确保党中央决策部署不折不扣落实到位。

加强法治政府建设。严格依照宪法法律履职尽责，推进政府机构、职能、权限、程序、责任法定化。自觉接受同级人大及其常委会的监督，自觉接受人民政协的民主监督，自觉接受社会和舆论监督。加强审计监督。坚持科学、民主、依法决策，加强政府立法审查，强化重大决策、规范性文件合法性审查。深化政务公开。推进严格规范公正文明执法，落实行政裁量权基准制度，健全维护群众利益的制度机制。支持工会、共青团、妇联等群团组织更好发挥作用。政府工作人员要恪尽职守、廉洁奉公，厉行法治、依法办事，确保党和人民赋予的权力始终用来为人民谋幸福。

提升行政效能和水平。坚持求真务实，从实际出发解决问题。善于把党中央决策部署与自身实际结合起来，谋划牵引性、撬动性强的工作抓手和载体，提高创造性贯彻落实能力。加快数字政府建设，健全"高效办成一件事"重点事项清单管理和常态化推进机制，完善覆盖全国的一体化在线政务服务平台。强化正向激励，完善考核评价体系，持续整治形式主义为基层减负，切实把面向基层的多头重复、指标细碎、方式繁琐的督查检查考核减下来，让广大干部把更多时间和精力用到干实事上。各级政府工作人员要坚持干字当头、脚踏实地，创造更多经得起历史和人民检验的发展业绩。

我们要以铸牢中华民族共同体意识为主线，推进中华民族共同体建设，坚持和完善民族区域自治制度，不断推进民族团结进步事业，加快民族地区现代化建设步伐。坚持党的宗教工作基本方针，系统推进我国宗教中国化，加强宗教事务治理法治化。完善侨务工作机制，维护海外侨胞和归侨侨眷合法权益，汇聚海内外中华儿女共创辉煌的强大力量。

过去一年，国防和军队建设取得新的重要进展。新的一年，我们要深入贯彻习近平强军思想，贯彻新时代军事战略方针，坚持党对人民军队的绝对领导，全面深入贯彻军委主席负责制，持续深化政治整训，全力打好实现建军一百年奋斗目标攻坚战。深入推进练兵备战，加快发展新质战斗力，构建中国特色现代军事理论体系，坚定捍卫国家主权、安全、发展利益。抓好军队建设"十四五"规划收官，加紧实施国防发展重大工程，加快推进网络信息体系建设。协力推进跨军地改革，优化国防科技工业体系和布局，健全一体化国家战略体系和能力建设工作机制。加强国防教育、国防动员和后备力量建设。各级政府要大力支持国防和军队建设，完善双拥工作机制，巩固和发展坚如磐石的军政军民团结。

我们要全面准确、坚定不移贯彻"一国两制"、"港人治港"、"澳人治澳"、高度自治的方针，维护宪法和基本法确定的特别行政区宪制秩序，落实"爱国者治港"、"爱国者治澳"原则。支持香港、澳门发展经济、改善民生，深化国际交往合作，更好融入国家发展大局，保持香港、澳门长期繁荣稳定。

我们要坚持贯彻新时代党解决台湾问题的总体方略，坚持一个中国原则和"九二共识"，坚决反对"台独"分裂和外部势力干涉，推动两岸关系和平发展。完善促进两岸经济文化交流合作制度和政策，深化两岸融合发展，增进两岸同胞福祉，坚定不移推进祖国统一大业，携手共创民族复兴伟业。

我们要坚持独立自主的和平外交政策，坚持走和平发展道路，坚定奉行互利共赢的开放战略，反对霸权主义和强权政治，反对一切形式的单边主义、保护主义，维护国际公平正义。中国愿同国际社会一道，倡导平等有序的世界多极化、普惠包容的经济全球化，推动落实全球发展倡议、全球安全倡议、全球文明倡议，积极参与全球治理体系改革和建设，推动构建人类命运共同体，共创世界和平发展的美好未来。

各位代表！信心凝聚力量，实干谱写华章。我们要更加紧密地团结在以习近平同志为核心的党中央周围，高举中国特色社会主义伟大旗帜，以习近平新时代中国特色社会主义思想为指导，迎难而上、锐意进取，努力完成全年经济社会发展目标任务，确保"十四五"规划圆满收官，为以中国式现代化全面推进强国建设、民族复兴伟业不懈奋斗！

第一章　2024 年发展取得的主要成绩

【报告摘录】

过去一年，我国发展历程很不平凡。党的二十届三中全会胜利召开，对进一步全面深化改革、推进中国式现代化作出部署。我们隆重庆祝中华人民共和国成立 75 周年，极大激发了全国各族人民的爱国热情和奋斗精神。一年来，面对外部压力加大、内部困难增多的复杂严峻形势，在以习近平同志为核心的党中央坚强领导下，全国各族人民砥砺奋进、攻坚克难，经济运行总体平稳、稳中有进，全年经济社会发展主要目标任务顺利完成，高质量发展扎实推进，新质生产力稳步发展，我国经济实力、科技实力、综合国力持续增强，中国式现代化迈出新的坚实步伐，更加坚定了我们在新时代新征程全面建设社会主义现代化国家的决心和信心。

"稳"的态势巩固延续。主要表现在，经济规模稳步扩大，国内生产总值达到 134.9 万亿元、增长 5%，增速居世界主要经济体前列，对全球经济增长的贡献率保持在 30% 左右。就业、物价总体平稳，城镇新增就业 1256 万人、城镇调查失业率平均为 5.1%，居民消费价格上涨 0.2%。国际收支基本平衡，对外贸易规模创历史新高，国际市场份额稳中有升，外汇储备超过 3.2 万亿美元。民生保障扎实稳固，居民人均可支配收入实际增长 5.1%，脱贫攻坚成果持续巩固拓展，义务教育、基本养老、基本医疗、社会救助等保障力度加大。重点领域风险化解有序有效，社会大局保持稳定。

"进"的步伐坚实有力。主要表现在，产业升级有新进展，粮食产量首次跃上 1.4 万亿斤新台阶、亩产提升 10.1 斤；高技术制造业、装备制造业增加值分别增长 8.9%、7.7%，新能源汽车年产量突破 1300 万辆；信息传输软件和信息技术服务业、租赁和商务服务业增加值分别增长 10.9%、10.4%。创新能力有新提升，集成电路、人工智能、量子科技等领域取得新成果；"嫦娥六号"实现人类首次月球背面采样返回，"梦想"号大洋钻探船建成入列；技术合同成交额增长 11.2%。生态环境质量有新改善，地级及以上城市细颗粒物（$PM_{2.5}$）平均浓度下降 2.7%，优良天数比例上升至 87.2%，地表水优良水质断面比例提高到 90.4%；单位国内生产总值能耗降幅超过 3%；可再生能源新增装机 3.7 亿千瓦。改革开放有新突破，扎实有力落实党的二十届二中、三中全会改革部署，机构改革全面完成，构建全国统一大市场、渐进式延迟法定退休年龄等重大改革举措陆续推出；制造业领域外资准入限制措施全部取消，共建"一带一路"贸易投资合作不断扩容升级。

回顾过去一年，成绩来之不易。外部环境变化带来的不利影响持续加深，国内长期积累的一些深层次结构性矛盾集中显现，内需不振、预期偏弱等问题交织叠加，局部地区洪涝等自然灾害频发，保持经济社会平稳运行的难度加大。面对多重困难挑战，我们加力实施存量政策，适时优化宏观调控，积极有效应对。特别是坚决贯彻落实 9 月 26 日中央政治局会议果断部署的一揽子增量政策，推动经济明显回升，社会信心有效提振，既促进了全年目标实现，也为今年发展奠定了良好基础。在这个过程中，我们深化了对经济工作的规律性认识，进一步认识到党中央集中统一领导是做好经济工作的根本保证，必须统筹好有效市场和有为政府、总供给和总需求、培育新动能和更新旧动能、做优增量和盘活存量、提升质量和做大总量的关系。实践再次表明，在以习近平同志为核心的党中央坚强领导下，全国上下聚力攻坚，我国发展没有闯不过的难关。

……

过去一年取得的成绩，根本在于习近平总书记领航掌舵，在于习近平新时代中国特色社会主义思想科学指引，是以习近平同志为核心的党中央坚强领导的结果，是全党全军全国各族人民团结奋斗的结果。

【名词浅释】

1. 国内生产总值

国内生产总值（Gross Domestic Product，GDP）是指一个国家或地区的所有常住单位在一定时期内生产活动的全部最终产品的价值总和。GDP 可以反映一个国家或地区的经济发展规模，判断其经济总体实力和经济发展的快慢，动态监测生产、消费、资本形成、进出口等主要经济流量指标的变化情况，是监测一个国家或地区国民经济运行情况的综合性指标。

2. 城镇调查失业率

城镇调查失业率指城镇劳动力中处于失业状态且正在积极寻找工作的人数，占城镇经济活动人口（就业＋失业）的比例。我国按照国际劳工组织统计标准，将 16 周岁及以上人口划分成三类：就业人口、失业人口、非劳动力人口。按照国际劳工组织的标准，就业人口是指年满 16 周岁，在调查参考期内（通常为一周），为取得劳动报酬或经营收入而工作一小时及以上，或因休假、临时停工等暂时未工作的人；失业人口是指年满 16 周岁，没有工作，在近期寻找工作，而且立即能去工作的人，这些人有工作能力、工作意愿；非劳动力人口是指年满 16 周岁，既不属于就业人口，也不属于失业人口的人。

城镇调查失业率与城镇登记失业率的主要区别： 一是数据来源不同，前者的失业人口数据来自劳动力调查，而后者的失业人口数据来自政府就业管理部门的行政记录。二是失业人口的指标定义不同，前者采用国际劳工组织的失业标准，后者是指 16 周岁至退休年龄内，没有工作而想工作，并在就业服务机构进行了失业登记的人员。三是统计范围不同，前者按照常住人口统计（既包括城镇本地人口，也包括外来的常住人口），后者是本地非农户籍的人员。

3. 居民消费价格

居民消费价格，是指城乡居民购买并用于日常生活消费的商品和服务项目的价格。居民消费价格调查的任务是调查、搜集和整理这些商品和服务项目的价格，并编制居民消费价格指数。居民消费价格指数（Consumer Price Index，CPI），是综合反映一定时期内居民消费的商品和服务价格水平总体变动情况的相对数，通常以同比（比上年同期）或环比（比上月）形式发布，是衡量通货膨胀水平的重要指标。由于居民消费的类别和品种成千上万，通常选取一组消费量较大、最能代表多数人日常消费行为的商品和服务，它们被形象地称为"一篮子"商品和服务。为保证价格指数的连续性和可比性，通常把"一篮子"商品和服务固定，俗称"固定篮子"。

统计内容： CPI 包括食品烟酒、衣着、居住、生活用品及服务、交通通信、教育文化娱乐、医疗保健、其他用品及服务 8 个大类、268 个基本分类。核心 CPI 是 CPI 的一个变体，剔除了价格变化较大的食品和能源，因而更加稳定客观。

基期轮换：随着经济社会发展，居民消费结构也在相应发生变化，CPI 调查的"固定篮子"也需要及时调整。因此，对 CPI 开展基期轮换是国际通行惯例，我国每五年进行一次 CPI 基期轮换，将逢"5""0"的年份作为基期。

4. 国际收支平衡

国际收支平衡，也称对外经济平衡，是宏观经济四大目标之一。在实践中，国际收支平衡主要有两个层面的评价标准。首先，经常账户平衡状况是国际上比较常用的标准。主要观察经常账户差额与 GDP 之比是否在合理区间。其次，对于一些国家尤其是新兴经济体来说，国际收支总体平衡状况也被视为一个评价标准。即将国际收支总差额，也就是经常账户、资本和金融账户（不含储备资产）所构成的总差额，用于衡量国际收支对一国储备造成的压力。

国际收支账户结构：主要分为经常账户、资本和金融账户两个大类。其中，经常账户主要包括货物贸易、服务贸易、投资收益、转移支付（如侨汇）；资本和金融账户主要包括资本转移（如债务减免）、非生产性非金融资产交易（如专利买卖）。

5. 对外贸易规模

对外贸易规模指一个国家或地区在一定时期内进出口货物和服务的总额。一定程度上，出口反映了国际竞争力和产业链地位，进口则体现了内需强弱和技术依赖度。

外贸依存度：为一个国家或地区对外贸易规模与其 GDP 之比，衡量经济依赖于对外贸易的程度。

6. 外汇储备

外汇储备是货币当局控制并随时可利用的对外资产，其形式包括货币、银行存款、有价证券、股本证券等，主要用于直接弥补国际收支失衡，或通过干预外汇市场间接调节国际收支失衡等用途。

7. 居民人均可支配收入

居民人均可支配收入指居民家庭总收入扣除税费、社保等非消费支出后，按人口平均的可用于消费和储蓄的收入。居民人均可支配收入反映了民生福利水平，是扩大内需和消费升级的基础。

8. 制造业增加值

制造业增加值是制造业企业在生产过程中创造的新增价值（总产值减去中间投入成本），反映制造业对经济增长的贡献。我国制造业增加值占全球比重约30%，连续 15 年位居世界第一。

9. 细颗粒物（PM$_{2.5}$）平均浓度

细颗粒物（PM$_{2.5}$）平均浓度是空气中直径 ≤ 2.5 微米的颗粒物质量浓度，单位为微克 / 立方米（$\mu g/m^3$）。PM$_{2.5}$ 主要来源为燃煤、工业排放、机动车尾气、扬尘等，可深入肺部，引发心血管和呼吸系统疾病。

10. 优良天数比例

空气质量指数（AQI）由 PM$_{2.5}$、臭氧（O$_3$）、二氧化氮（NO$_2$）等六项污染物综合判定，AQI≤100 对应空气质量"优良"，优良天数比例则指一年中 AQI≤100 的天数占总天数的比例。我国地级及以上城市优良天数比例 2024 年为 87.2%，2025 年目标为 87.5%。

11. 优良水质断面比例

优良水质断面比例指地表水监测断面中，水质达到Ⅰ—Ⅲ类标准（适合饮用和生态保护）的断面占比。

水质分类：Ⅰ类（纯净）、Ⅱ类（轻度污染）、Ⅲ类（可渔业养殖）、Ⅳ类及以上（属于污染水体）。

治理重点：城市黑臭水体、农业面源污染、工业废水排放等。

12. 单位国内生产总值能耗

单位国内生产总值能耗指每产出 1 单位 GDP 所消耗的能源总量，我国通常以"吨标准煤 / 万元 GDP"表示。

作用：衡量能源利用效率，数值越低表明经济绿色化程度越高。

【资料拓展】

2024年9月26日中央政治局会议

据新华社北京9月26日电　中共中央政治局9月26日召开会议，分析研究当前经济形势，部署下一步经济工作。中共中央总书记习近平主持会议。

会议认为，今年以来，以习近平同志为核心的党中央团结带领全国各族人民攻坚克难、沉着应对，加大宏观调控力度，着力深化改革开放、扩大国内需求、优化经济结构，经济运行总体平稳、稳中有进，新质生产力稳步发展，民生保障扎实有力，防范化解重点领域风险取得积极进展，高质量发展扎实推进，社会大局保持稳定。

会议指出，我国经济的基本面及市场广阔、经济韧性强、潜力大等有利条件并未改变。同时，当前经济运行出现一些新的情况和问题。要全面客观冷静看待当前经济形势，正视困难、坚定信心，切实增强做好经济工作的责任感和紧迫感。要抓住重点、主动作为，有效落实存量政策，加力推出增量政策，进一步提高政策措施的针对性、有效性，努力完成全年经济社会发展目标任务。

会议强调，要加大财政货币政策逆周期调节力度，保证必要的财政支出，切实做好基层"三保"工作。要发行使用好超长期特别国债和地方政府专项债，更好发挥政府投资带动作用。要降低存款准备金率，实施有力度的降息。要促进房地产市场止跌回稳，对商品房建设要严控增量、优化存量、提高质量，加大"白名单"项目贷款投放力度，支持盘活存量闲置土地。要回应群众关切，调整住房限购政策，降低存量房贷利率，抓紧完善土地、财税、金融等政策，推动构建房地产发展新模式。要努力提振资本市场，大力引导中长期资金入市，打通社保、保险、理财等资金入市堵点。要支持上市公司并购重组，稳步推进公募基金改革，研究出台保护中小投资者的政策措施。

会议指出，要帮助企业渡过难关，进一步规范涉企执法、监管行为。要出台民营经济促进法，为非公有制经济发展营造良好环境。要把促消费和惠民生结合起来，促进中低收入群体增收，提升消费结构。要培育新型消费业态。要支持和规范社会力量发展养老、托育产业，抓紧完善生育支持政策体系。要加大引资稳资力度，抓紧推进和实施制造业领域外资准入等改革措施，进一步优化市场化、法治化、国际化一流营商环境。

会议强调，要守住兜牢民生底线，重点做好应届高校毕业生、农民工、脱贫人口、零就业家庭等重点人群就业工作，加强对大龄、残疾、较长时间失业等就业困难群体的帮扶。要加强低收入人口救助帮扶。要抓好食品和水电气热等重要物资的保供稳价。要切实抓好粮食和农业生产，关心农民增收，抓好秋冬生产，确保国家粮食安全。

会议要求，各地区各部门要认真贯彻落实党中央决策部署，干字当头、众志成城，充分激发全社会推动高质量发展的积极性主动性创造性，推动经济持续回升向好。广大党员、干部要勇于担责、敢于创新，在攻坚克难中长本领、出业绩。要树好选人用人风向标，认真落实"三个区分开来"，为担当者担当、为干事者撑腰。要支持经济大省挑大梁，更好发挥带动和支柱作用。

（资料来源：《人民日报》2024 年 9 月 27 日）

图 1-1　2013—2024 年我国 GDP 总量及增速

（数据来源：国家统计局）

表 1-1　近年世界主要经济体经济增速（%）

国家 / 地区	2024 年	2023 年	国家 / 地区	2024 年	2023 年
中国	5.0	5.2	马来西亚	5.1	3.6
美国	2.8	2.9	越南	7.1	5.1
日本	0.1	1.5	印度尼西亚	5.0	5.1
韩国	2.0	1.4	新加坡	4.4	1.8
英国	0.9	0.1	澳大利亚	1.3	2.0

（续表）

国家/地区	2024 年	2023 年	国家/地区	2024 年	2023 年
法国	1.1	1.1	巴西	3.4	2.9
意大利	0.7	0.7	墨西哥	1.5	3.2
加拿大	1.6	1.9	南非	0.6	0.7

数据来源：根据国际货币基金组织、世界银行与主要金融机构等数据整理。

【重要表述】

党中央集中统一领导是做好经济工作的根本保证

必须统筹好有效市场和有为政府、总供给和总需求、培育新动能和更新旧动能、做优增量和盘活存量、提升质量和做大总量的关系

过去一年取得的成绩，根本在于习近平总书记领航掌舵，在于习近平新时代中国特色社会主义思想科学指引

【以题辅学】

题 1-1. 中国共产党的历史是一部不断推进马克思主义中国化时代化的历史，在马克思主义中国化时代化的历史进程中产生了毛泽东思想、邓小平理论、"三个代表"重要思想、科学发展观、习近平新时代中国特色社会主义思想。马克思主义中国化时代化的理论成果是一脉相承又与时俱进的关系，主要体现在（　）。【2025 年度"考研"政治之多选题】

A. 都面对共同的时代主题和历史任务

B. 都贯穿实事求是、群众路线、独立自主的立场观点和方法

C. 都科学回答了时代重大理论和实践课题

D. 都以独创性的理论成果丰富发展了马克思主义

题 1-2. 习近平新时代中国特色社会主义思想是坚持"两个结合"、勇于推进理论创新的光辉典范。新时代谱写马克思主义中国化时代化新篇章，要坚守理

论创新的基础和前提，坚守好理论创新的"魂"和"根"。马克思主义中国化时代化的"魂脉"和"根脉"是（　）。【2024 年度"考研"政治之单选题】

A. 马克思主义和中华优秀传统文化

B. 共产主义社会理想和"天下大同"理想

C. 全人类共同价值和社会主义核心价值观

D. 共产主义远大理想和中国特色社会主义共同理想

题 1-3. 2023 年 4 月 3 日，学习贯彻习近平新时代中国特色社会主义思想主题教育工作会议在北京召开。会议强调，这次主题教育要牢牢把握"学思想、强党性、重实践、建新功"的总要求。要全面学习领会习近平新时代中国特色社会主义思想，全面系统掌握这一思想的基本观点、科学体系，把握好这一思想的世界观、方法论，坚持好、运用好贯穿其中的立场观点方法，不断增进对党的创新理论的（　）。【2024 年度"考研"政治之多选题】

A. 政治认同　　　　　　B. 思想认同

C. 理论认同　　　　　　D. 情感认同

参考答案：

题 1-1. BCD

题 1-2. A

题 1-3. ABCD

【学习问答】

问 1-1   2024 年发展成绩中的"稳"和"进"主要体现在哪些方面?

答："稳"主要体现在总量和规模上。《报告》讲了五个方面的"稳"。从经济运行看，2024 年我国国内生产总值达到 134.9 万亿元、首次突破 130 万亿元。在面临多重困难挑战的情况下，经济总量再上新台阶，尤为难能可贵。放眼全球，我国经济表现依然亮眼，5% 的增速不仅高于全球 3% 左右的预计增长水平，高于新兴市场和发展中经济体的整体增速，也高于美国、欧元区、日本的增速。我国对世界经济增长的贡献率保持在 30% 左右，仍然是世界经济增长的重要引擎。从就业形势看，全国城镇调查失业率均值为 5.1%，比 2023 年下降 0.1 个百分点，低于 5.5% 左右的预期目标。从对外贸易看，货物进出口总额达到 43.8 万亿元、增长 5%，连续跨过 42 万亿和 43 万亿级大关，规模创历史新高。服务进出口总额达到 7.5 万亿元、增长 14.4%，首次突破 1 万亿美元。从保障和改善民生看，2024 年出台了不少有力措施。比如，教育方面，提高义务教育阶段家庭经济困难学生生活补助标准，近 2000 万学生受益；社保方面，按照 3% 的总体水平调整退休人员基本养老金，向 1100 多万困难群众发放一次性生活补助；住房方面，实施城中村改造项目 1863 个，建设筹集安置住房 189.4 万套；巩固脱贫攻坚成果方面，加大以工代赈力度，脱贫人口务工规模超过 3300 万人；等等。这些都让老百姓享受到了真金白银的实惠。从防范风险看，重点领域风险化解有序有效，社会大局保持稳定。

"进"主要体现在质量和效益上。《报告》讲了四个"新"。产业升级有新进展。《报告》提到，高技术制造业、装备制造业增加值分别增长 8.9%、7.7%，比规上工业整体增速分别快 3.1 个、1.9 个百分点。一段时间以来，从新能源汽车到生成式人工智能，再到人形机器人，一批技术含量高、附加值高的中国产品惊艳亮相，向世界展示了中国产业创新的巨大活力与潜力。创新能力有新提升。《报告》中提到了"嫦娥六号"、"梦想"号大洋钻探船等重大成果，不断刷新中国科技新高度。这样的例子还有很多：比如，第三代自主超导量子计算机"本源悟空"上线运行、时速 450 公里的中国标准高速动车组完成设计制造，等等。生态环境质量有新改善。地级及以上城市细颗粒物（$PM_{2.5}$）平均浓度为 29.3 微克 / 立方米、下降 2.7%，连续 5 年稳定达标。以北京市为例，优良天数比例为 79.2%，是 2013 年以来最好水平。改革开放有新突破。比如，机构改革全面完成；全国统一大市场建设持续加力，产权保护、市场准入、公平竞争、社会信用等市场基础制度不断完善；制造业领域外资准入限制措施全部取消，中国用实实在在的行动"把开放的大门越开越大"。

第二章 2025 年经济社会发展总体要求和政策取向

【报告摘录】

今年是"十四五"规划收官之年。做好政府工作,要在以习近平同志为核心的党中央坚强领导下,以习近平新时代中国特色社会主义思想为指导,全面贯彻落实党的二十大和二十届二中、三中全会精神,按照中央经济工作会议部署,坚持稳中求进工作总基调,完整准确全面贯彻新发展理念,加快构建新发展格局,扎实推动高质量发展,进一步全面深化改革,扩大高水平对外开放,建设现代化产业体系,更好统筹发展和安全,实施更加积极有为的宏观政策,扩大国内需求,推动科技创新和产业创新融合发展,稳住楼市股市,防范化解重点领域风险和外部冲击,稳定预期、激发活力,推动经济持续回升向好,不断提高人民生活水平,保持社会和谐稳定,高质量完成"十四五"规划目标任务,为实现"十五五"良好开局打牢基础。

今年发展主要预期目标是:国内生产总值增长 5% 左右;城镇调查失业率 5.5% 左右,城镇新增就业 1200 万人以上;居民消费价格涨幅 2% 左右;居民收入增长和经济增长同步;国际收支保持基本平衡;粮食产量 1.4 万亿斤左右;单位国内生产总值能耗降低 3% 左右,生态环境质量持续改善。

提出上述预期目标,综合考虑了国内外形势和各方面因素,兼顾了需要与可能。经济增长预期目标为 5% 左右,既是稳就业、防风险、惠民生的需要,也有经济增长潜力和有利条件支撑,并与中长期发展目标相衔接,突出迎难而上、奋发有为的鲜明导向。城镇调查失业率 5.5% 左右,体现了在就业总量和结构性矛盾更加突出背景下,加大稳就业力度的要求。居民消费价格涨幅 2% 左右,目的在于通过各项政策和改革共同作用,改善供求关系,使价格总水平处在合理区间。实现这些目标很不容易,必须付出艰苦努力。

我们将坚持稳中求进、以进促稳，守正创新、先立后破，系统集成、协同配合，充实完善政策工具箱，根据形势变化动态调整政策，提高宏观调控的前瞻性、针对性、有效性。注重目标引领，把握政策取向，讲求时机力度，强化系统思维，提升宏观政策实施效能。

实施更加积极的财政政策。统筹安排收入、债券等各类财政资金，确保财政政策持续用力、更加给力。今年赤字率拟按 4% 左右安排、比上年提高 1 个百分点，赤字规模 5.66 万亿元、比上年增加 1.6 万亿元。一般公共预算支出规模 29.7 万亿元、比上年增加 1.2 万亿元。拟发行超长期特别国债 1.3 万亿元、比上年增加 3000 亿元。拟发行特别国债 5000 亿元，支持国有大型商业银行补充资本。拟安排地方政府专项债券 4.4 万亿元、比上年增加 5000 亿元，重点用于投资建设、土地收储和收购存量商品房、消化地方政府拖欠企业账款等。今年合计新增政府债务总规模 11.86 万亿元、比上年增加 2.9 万亿元，财政支出强度明显加大。要加快各项资金下达拨付，尽快形成实际支出。持续优化支出结构，更加注重惠民生、促消费、增后劲，切实提高资金使用效益。中央财政加大对地方一般性转移支付力度，向困难地区和欠发达地区倾斜。严格落实分级保障责任，筑牢兜实基层"三保"底线。坚持政府过紧日子，推进财政科学管理，严肃财经纪律，严禁铺张浪费，腾出更多资金用于发展所需、民生所盼。

实施适度宽松的货币政策。发挥好货币政策工具的总量和结构双重功能，适时降准降息，保持流动性充裕，使社会融资规模、货币供应量增长同经济增长、价格总水平预期目标相匹配。优化和创新结构性货币政策工具，更大力度促进楼市股市健康发展，加大对科技创新、绿色发展、提振消费以及民营、小微企业等的支持。进一步疏通货币政策传导渠道，完善利率形成和传导机制，落实无还本续贷政策，强化融资增信和风险分担等支持措施。推动社会综合融资成本下降，提升金融服务可获得性和便利度。保持人民币汇率在合理均衡水平上的基本稳定。拓展中央银行宏观审慎与金融稳定功能，创新金融工具，维护金融市场稳定。

强化宏观政策民生导向。坚持以人民为中心，经济政策的着力点更多转向惠民生、促消费，以消费提振畅通经济循环，以消费升级引领产业升级，在保障和改善民生中打造新的经济增长点。推动更多资金资源"投资于人"、服务于民生，支持扩大就业、促进居民增收减负、加强消费激励，形成经济发展和民生改善的良性循环。

打好政策"组合拳"。加强财政、货币、就业、产业、区域、贸易、环保、监管等政策协同以及与改革开放举措的协调配合，增强政策合力。健全和用好宏观政策取向一致性评估工作机制，把经济政策和非经济性政策统一纳入一致性评估，统筹政策制定和执行全过程，提升政策目标、工具、时机、力度、节奏的匹配度。出台实施政策要能早则早、宁早勿晚，与各种不确定性抢时间，看准了就一次性给足，提高政策实效。加强上下联动、横向协作，促进政策从"最初一公里"到"最后一公里"衔接畅通。注重倾听市场声音，协同推进政策实施和预期引导，塑造积极的社会预期。

完成好今年目标任务，必须深入贯彻习近平经济思想，紧抓高质量发展这个首要任务，坚持以质取胜和发挥规模效应相统一，实现质的有效提升和量的合理增长。坚定实施扩大内需战略，做大做强国内大循环，在扩大开放中拓展国际合作空间，实现国内国际双循环在更高水平上相互促进、良性互动。持续深化供给侧结构性改革，着力破解消费供给的结构性矛盾，更加注重以高质量供给引领需求、创造需求。坚持以进一步全面深化改革调动各方面积极性，激发全社会创新创造活力。

【名词浅释】

1."十四五"规划

2025 年 4 月，习近平总书记在主持召开部分省区市"十五五"时期经济社会发展座谈会并发表重要讲话时指出："科学制定和接续实施五年规划，是我们党治国理政一条重要经验，也是中国特色社会主义一个重要政治优势。"从 1953 年至今，我国共编制实施了 14 个五年规划（计划），有力推动了经济社会发展、综合国力提升和人民生活改善，同时逐步形成了在党中央集中统一领导下，由党中央提出规划建议、国务院编制规划纲要、全国人大审查批准后公布实施的制度安排。"十四五"规划是国民经济和社会发展第十四个五年规划（2021—2025 年）的简称，国家层面相应的文件全称为《中华人民共和国国民经济和社会发展第十四个五年规划和 2035 年远景目标纲要》。

2025 年我国将开展"十五五"规划编制工作。**"十五五"规划**，从国家层面上讲，指的是中华人民共和国国民经济和社会发展第十五个五年规划（2026—2030 年）。

2. 新发展理念

2015 年 10 月，习近平总书记在党的十八届五中全会上，就《中共中央关于制定国民经济和社会发展第十三个五年规划的建议》起草的有关情况向全会作说明时指出："建议稿提出了创新、协调、绿色、开放、共享的发展理念，并以这五大发展理念为主线对建议稿进行谋篇布局。这五大发展理念，是'十三五'乃至更长时期我国发展思路、发展方向、发展着力点的集中体现，也是改革开放 30 多年来我国发展经验的集中体现，反映出我们党对我国发展规律的新认识。"

创新发展注重的是解决发展动力问题；

协调发展注重的是解决发展不平衡问题；

绿色发展注重的是解决人与自然和谐问题；

开放发展注重的是解决发展内外联动问题；

共享发展注重的是解决社会公平正义问题。

3. 新发展格局

2020 年 4 月，习近平总书记在中央财经委员会第七次会议上指出："国内循环越顺畅，越能形成对全球资源要素的引力场，越有利于构建以国内大循环为主体、国内国际双循环相互促进的新发展格局，越有利于形成参与国际竞争和合作新优势。"这是新发展格局首次正式提出。2020 年 9 月，习近平总书记在主持召开中央全面深化改革委员会第十五次会议时进一步指出："加快形成以国内大循环为主体、国内国际双循环相互促进的新发展格局，是根据我国发展阶段、环境、条件变化作出的战略决策，是事关全局的系统性深层次变革。"

4. 财政政策

财政政策是指政府通过税收、支出、债务等手段调节经济运行的政策工具，以实现维持及提高就业水平、减轻经济波动、防止通货膨胀、促进稳定增长等目标。

扩张性政策：减税增支（如提高研发费用加计扣除比例、扩大国债发行规模）。

紧缩性政策：加税减支（为防控通胀或债务风险）。

结构性导向：精准支持特定领域（如小微企业、绿色产业）。

5. 赤字率

赤字率即财政赤字率，指财政赤字（财政支出超过财政收入部分）与同期

GDP 的比例，是衡量财政政策力度和财政风险水平的重要指标。

关于 3% 的国际警戒线：这是 1991 年欧盟签署《马斯特里赫特条约》时确定下来的一项纪律，旨在确保成员国的财政健康和稳定，避免过度借贷和财政赤字，从而维护欧元区的经济安全。该标准具有一定参考意义，但并非不可打破的金科玉律。现实中很多国家的赤字率突破了 3%，有的甚至达到两位数。我国从控制财政风险、实现财政可持续等角度考虑，一直坚持合理、审慎确定赤字率水平，近年来赤字率也有超过 3% 的情况。比如，2020 年和 2021 年，为应对新冠疫情的严重冲击，赤字率分别按 3.6% 以上（实际执行数为 3.7%）、3.2% 左右（实际执行数为 3.1%）安排；2023 年初预算将赤字率按 3% 安排，四季度增发国债 1 万亿元，预算调整后赤字率为 3.8% 左右。2025 年 4% 左右的财政赤字率安排，有利于释放更加积极有为的政策信号，更大力度支撑高质量发展。

6. 一般公共预算支出

根据我国预算收支科目分类，财政支出主要由四个部分构成：一般公共预算支出、政府性基金支出、国有资本经营支出以及社会保险基金支出。其中，一般公共预算支出是财政支出的核心部分，主要用于保障国家机构运转、维护国家安全、推动经济发展以及改善民生等领域。资金来源于税收、非税收入等公共财政渠道，具有普惠性和基础性特征。支出领域包括外交、国防、公共安全、教育、科技、社会保障、卫生健康、农林水事务等。

7. 超长期特别国债

超长期特别国债指发行期限超过 10 年、在特定时期阶段性发行的具有特定用途的国债。

实施：2024 年《政府工作报告》提出："为系统解决强国建设、民族复兴进程中一些重大项目建设的资金问题，从今年开始拟连续几年发行超长期特别国债，专项用于国家重大战略实施和重点领域安全能力建设，今年先发行 1 万亿元。"2025 年拟发行超长期特别国债 1.3 万亿元，比上年增加 3000 亿元。

8. 地方政府专项债券

地方政府债券是指省、自治区、直辖市和经省级人民政府批准自办债券发行的计划单列市人民政府发行的、约定一定期限内还本付息的政府债券，包括一般债券和专项债券。地方政府一般债券是为没有收益的公益性项目发行，主要以一般公共预算收入作为还本付息资金来源的政府债券；地方政府专项债券是为有一定收益的公益性项目发行，以公益性项目对应的政府性基金收入或专项收入作为还本付息资金来源的政府债券。

9. 转移支付

转移支付即财政转移支付，指上级政府向下级政府无偿拨付的资金，包括中央对地方的转移支付和地方上级政府对下级政府的转移支付，主要用于解决地区财政不平衡问题，推进地区间基本公共服务均等化，是政府实现调控目标的重要政策工具。转移支付分为一般性转移支付和专项转移支付。

类型：根据《中华人民共和国预算法实施条例》规定，一般性转移支付包括均衡性转移支付，对革命老区、民族地区、边疆地区、贫困地区的财力补助，其他一般性转移支付；专项转移支付是指上级政府为了实现特定的经济和社会发展目标给予下级政府，并由下级政府按照上级政府规定的用途安排使用的预算资金。

10. 基层"三保"

基层"三保"是指保基本民生、保工资、保运转，这是政府履职和各项政策实施的基础条件，直接关系到经济运行秩序、社会大局稳定以及人民群众的切身利益。

11. 货币政策

货币政策指中央银行为实现其特定的经济目标而采用的各种控制和调节货币供应量和信用量的方针、政策和措施的总称。货币政策工具则是指中央银行为达到货币政策目标实施货币政策所采取的手段，主要包括：公开市场操作、存款准备金制度、再贴现政策、常备借贷便利（SLF）、中期借贷便利（MLF）、抵押补充贷款（PSL）、定向中期借贷便利（TMLF）、结构性货币政策工具等。

【资料拓展】

表 2-1 近年来我国赤字率变化情况

年份	2013	2014	2015	2016	2017	2018
赤字率（%）	2.1	2.1	2.3	2.9	2.9	2.6
年份	2019	2020	2021	2022	2023	2024
赤字率（%）	2.8	3.7	3.1	2.8	3.8	3

数据来源：根据财政部发布的历年财政决算报告整理。

表 2-2 1994 年分税制改革以来我国已发行特别国债基本情况

年份	发行规模（万亿元）	资金主要用途
1998	0.27	补充四大国有银行（工、农、中、建）资本金，应对亚洲金融危机后的银行体系风险
2007	1.55	成立中国投资有限责任公司（中投），用于外汇储备管理；部分用于对冲流动性过剩
2017	0.60	对 2007 年到期特别国债进行续发，属于展期操作
2020	1	应对新冠疫情冲击，支持公共卫生体系建设、保就业保民生等
2022	0.75	支持国民经济恢复，重点用于基建、民生等领域
2023	1	当年四季度增发国债 1 万亿元，作为特别国债管理，但全部列为中央财政赤字，支持灾后恢复重建和提升防灾减灾救灾能力
2024	1	投向"两重"（即国家重大战略实施和重点领域安全能力建设）项目建设和支持"两新"（推动新一轮大规模设备更新和消费品以旧换新）政策实施

数据来源：根据财政部等有关资料整理。

【重要表述】

打好政策"组合拳"。加强财政、货币、就业、产业、区域、贸易、环保、监管等政策协同以及与改革开放举措的协调配合，增强政策合力

推动更多资金资源"投资于人"、服务于民生

出台实施政策要能早则早、宁早勿晚，与各种不确定性抢时间，看准了就一次性给足，提高政策实效

加强上下联动、横向协作，促进政策从"最初一公里"到"最后一公里"衔接畅通

注重倾听市场声音，协同推进政策实施和预期引导，塑造积极的社会预期

深入贯彻习近平经济思想，紧抓高质量发展这个首要任务，坚持以质取胜和发挥规模效应相统一，实现质的有效提升和量的合理增长

更加注重以高质量供给引领需求、创造需求

【以题辅学】

题 2-1. 习近平经济思想是习近平新时代中国特色社会主义思想的重要组成部分。关于习近平经济思想，下列表述正确的有几项？（ ）。【2023 年度"国考"行测之常识判断有关试题】

①进入新发展阶段是我国经济发展的历史方位

②推动高质量发展是我国经济发展的鲜明主题

③坚持新发展理念是我国经济发展的指导原则

④坚持对外开放是我国经济发展的第一动力

⑤大力发展制造业和实体经济是我国经济发展的主要着力点

A.2 项   B.3 项

C.4 项   D.5 项

题 2-2. 关于经济常识，下列说法正确的是（ ）。【2023 年度"国考"行测之常识判断有关试题】

A. 紧缩性货币政策的主要功能是刺激社会总需求

B. 公开市场卖出是一种扩张性财政政策

C. 有价证券的持有人不一定能行使有价证券的全部权利

D. 海关统计进出口货物时一律按离岸价格统计

题 2-3. 下列与宏观经济有关的说法错误的是（ ）。【2024 年度"国考"行测之常识判断有关试题】

A. 利率变化与资金供求关系有关

B. 央行逆回购会减少市场资金流动性

C. 国际收支顺差会给本币带来升值压力

D. 提高贷款利率可用于控制通货膨胀

题 2-4. 今年以来，我国经济持续回升向好，高质量发展扎实推进，我国仍是全球增长最大引擎。据权威部门统计，前三季度我国国内生产总值同比增长 5.2%，全国居民人均可支配收入同比实际增长 5.9%，高技术产业投资增长 11.4%。前 10 个月社会物流总额同比增长 4.9%，物流需求恢复向好，行业提质升级加速。总体上看，我国经济长期向好的基本面没有变也不会变，因为我国具有（ ）。【2024 年度"考研"政治之多选题】

A. 超大规模市场的需求优势

B. 产业体系配套完整的供给优势

C. 社会主义市场经济的体制优势

D. 大量高素质劳动者和企业家的人才优势

参考答案：

题 2-1. C

题 2-2. C

题 2-3. B

题 2-4. ABCD

【学习问答】

问 2-1 2025年经济增长预期目标为什么是 5% 左右？

答： 贯彻落实党中央决策部署和中央经济工作会议精神，《报告》中明确2025年经济增长预期目标设定为 5% 左右，与上年预期目标保持一致，这是经过反复研究论证、综合权衡慎重确定的。虽然这一目标高于一些机构当前的预测，如国际货币基金组织预测2025年我国经济增长 4.6%，世界银行预测为4.5%，但任何经济预测都是既定条件下的推演，会随着环境条件、政策力度和改革举措的改变而调整。这一目标的设定考虑了需要和可能，重视了短期与中长期的衔接，体现了迎难而上、奋发有为的鲜明导向和稳经济强信心促发展的坚定决心。

（一）这是稳就业、防风险、惠民生的需要。经济增长速度是反映经济运行状况的基础性指标，也是综合性、关联性很强的指标。无论是稳定和扩大就业、促进居民增收，还是使价格总水平处在合理区间，抑或是防范化解地方政府债务、房地产等重点领域风险，都需要有一定的经济增长来支撑。如果经济增长速度过低，形成阶梯式下台阶的态势，既不利于提振市场预期和信心，也不利于为改善民生、化解风险创造必要的物质条件。特别是从这些年经济增长与就业的联动效应看，解决 1200 万人以上城镇新增就业，仍然需要经济增长 5%左右。

（二）经济运行具备有利条件支撑。从近期态势看，2024 年 9 月 26 日中央政治局会议部署推出一揽子增量政策以来，我国经济明显回升。2024 全年经济增长 5%，其中四季度增长 5.4%。2025 年开年以来制造业采购经理指数（PMI）、房地产销售量、集装箱吞吐量等指标数据总体向好，我国经济持续回升向好的态势在不断巩固拓展。过去一些经济运行的下拉因素，比如房地产市场、地方政府债务等都出现积极变化，对经济增长的拖累效应正逐步减弱。

从潜在增速看，国内外多数研究机构认为我国潜在经济增长率仍保持在5%左右的较高水平，这一经济增长目标与潜在增长率相匹配。虽然我国劳动力总量在下降，但劳动者素质和生产率在持续提高，人均资本存量还有很大提升空间。而且，随着新一轮技术进步扩散和全面深化改革落地，全要素生产率可能抬升，对我国中期潜在增长率形成有力支撑。

从发展基本面看，我国具有显著的制度优势，有超大规模市场、完备产业体系、丰富人力人才资源等诸多优势条件。近些年新产业新动能快速成长，部分产业达到全球领先水平，人工智能呈现爆发式增长，我国经济增长正换上强劲的新引擎。未来一个时期，我国需求升级、结构优化、动能转换的增量空间十分广阔，经济长期向好的基本趋势不会改变。

（三）努力为"十五五"发展打下更加坚实的基础。党的二十大报告明确提出，到2035年基本实现社会主义现代化，达到中等发达国家水平。"十四五"前四年，我国经济增长率分别为8.6%、3.1%、5.4%、5%，年均增速约为5.5%。在此基础上，据一些机构最新测算，到2035年如期基本实现社会主义现代化，需要今后十年经济年均增长4.5%左右。2025年是"十四五"规划收官之年、"十五五"规划谋划之年，我国正处于从中等收入国家向高收入国家跨越、进而向中等发达国家迈进的关键阶段。一段时期内保持5%左右这样较高的经济增速，能为到2035年基本实现社会主义现代化创造更加主动的条件。

（四）体现了迎难而上、奋发有为的鲜明导向。考虑当前外部冲击和内部矛盾交织叠加的复杂形势，实现经济增长5%左右的目标很不容易。设定这样的目标能够更好地提振信心，也要求我们必须付出更加艰苦的努力。在政策实施上，一揽子增量政策和存量政策将持续发挥作用，特别是提出实施"更加积极的财政政策"和"适度宽松的货币政策"，这是多年未有的宏观政策组合，政策"组合拳"效能将持续释放。在体制改革上，随着党的二十届三中全会确定的各项改革任务逐步落地，将充分调动各类经营主体、各类人才和地方政府等各方面的积极性，进一步激发经济发展的内生动力和活力。从政策储备上，我国宏观政策仍有较大空间，如果形势发生超预期变化，还将动态调整、积极应对，为我国经济发展提供有力支撑。

第三章　全方位扩大国内需求

【报告摘录】

大力提振消费、提高投资效益，全方位扩大国内需求。促进消费和投资更好结合，加快补上内需特别是消费短板，使内需成为拉动经济增长的主动力和稳定锚。

实施提振消费专项行动。制定提升消费能力、增加优质供给、改善消费环境专项措施，释放多样化、差异化消费潜力，推动消费提质升级。多渠道促进居民增收，推动中低收入群体增收减负，完善劳动者工资正常增长机制。安排超长期特别国债3000亿元支持消费品以旧换新。从放宽准入、减少限制、优化监管等方面入手，扩大健康、养老、助残、托幼、家政等多元化服务供给。创新和丰富消费场景，加快数字、绿色、智能等新型消费发展。落实和优化休假制度，释放文化、旅游、体育等消费潜力。完善免税店政策，推动扩大入境消费。深化国际消费中心城市建设，健全县域商业体系。完善全口径消费统计制度。强化消费者权益保护，营造安全放心消费环境。

积极扩大有效投资。紧扣国家发展战略和民生需求，发挥好各类政府投资工具作用，加强财政与金融配合，强化项目储备和要素保障，加快实施一批重点项目，推动"十四五"规划重大工程顺利收官。切实选准选好项目，管好用好资金，保障在建项目资金需求，坚决防止低效无效投资。今年中央预算内投资拟安排7350亿元。用好超长期特别国债，强化超长期贷款等配套融资，加强自上而下组织协调，更大力度支持"两重"建设。优化地方政府专项债券管理机制，实施好投向领域负面清单管理、下放项目审核权限等措施。简化投资审批流程，建立健全跨部门跨区域重大项目协调推进机制。加大服务业投资力度。支持和鼓励民间投资发展，规范实施政府和社会资本合作新机制，引导更多民间资本参与重大基础设施、社会民生等领域建设，让民间资本有更大发展空间。

【名词浅释】

1. 中央预算内投资

中央预算内投资是指由中央政府财政预算直接安排的资金，用于支持国民经济和社会发展的固定资产投资项目。其资金来源于中央财政，通过国家发展改革委等部门统筹管理，重点投向关系国家战略、民生保障和关键领域的建设项目。主要特点如下。

用途明确： 主要用于基础设施、公共服务、生态环保、科技创新等领域，如铁路、水利、保障性住房等。

管理严格： 需符合国家发展规划，经审批程序后按计划拨付，强调资金使用的规范性和绩效评估。

导向鲜明： 体现国家宏观调控意图，推动区域协调发展、产业结构升级和补短板项目。

2. "两重"

"两重"是"国家重大战略实施和重点领域安全能力建设"的简称。发行超长期特别国债支持"两重"建设，是党中央着眼强国建设和民族复兴全局作出的一项重大决策部署，是推进中国式现代化、推动高质量发展、把握发展主动权的重要抓手。

3. 政府和社会资本合作

政府和社会资本合作（Public-Private Partnership，PPP）是指政府采取竞争性方式择优选择具有投资、运营管理能力的社会资本，双方按照平等协商原则订立合同，明确责权利关系，由社会资本提供公共产品和服务，政府依据公共服务绩效评价结果向社会资本支付相应对价，保证社会资本获得合理收益。政府和社会资本合作模式有利于充分发挥市场机制作用，提升公共产品和服务的供给质量和效率，实现公共利益最大化。

2023 年 11 月，国务院办公厅转发国家发展改革委、财政部《关于规范实施政府和社会资本合作新机制的指导意见》提出，PPP 的项目应聚焦使用者付费项目，全部采取特许经营模式，应限定于有经营性收益的项目，主要包括公路、铁路、民航基础设施和交通枢纽等交通项目，物流枢纽、物流园区项目，城镇供水、供气、供热、停车场等市政项目，城镇污水垃圾收集处理及资源化利用等生态保护和环境治理项目，具有发电功能的水利项目，体育、旅游公共服务等社会项目，智慧城市、智慧交通、智慧农业等新型基础设施项目，城市更新、综合交通枢纽改造等盘活存量和改扩建有机结合的项目。

【资料拓展】

国际消费中心城市

一、国际消费中心城市定义

根据联合国、世界银行等国际机构的研究，国际消费中心城市指在全球范围内具有显著消费资源配置能力、高端消费供给能力、消费潮流引领能力和国际消费制度影响力的城市。

二、我国国际消费中心城市建设基本情况

培育建设国际消费中心城市是党中央着眼构建新发展格局作出的重大决策部署，对提振消费、推动高质量发展、更好满足人民美好生活需要具有重要意义。2019 年 10 月，经国务院同意，商务部等 14 部门联合印发了《关于培育建设国际消费中心城市的指导意见》，指导推进国际消费中心城市培育建设工作。2021 年 7 月，经国务院批准，在上海、北京、广州、天津、重庆 5 个城市率先开展国际消费中心城市培育建设。

表 3-1　5 个城市率先开展国际消费中心城市培育建设情况

城市	定位特色	代表性举措
上海	全球新品首发地、高端品牌首选地	建设"全球消费品牌高峰论坛"，外滩、南京西路打造世界级商圈，免税店扩容至浦东机场
北京	文化消费高地、国际会展之都	推进王府井国际化改造，支持首店经济，发展数字消费
广州	粤港澳大湾区消费枢纽	建设天河路商圈，扩大离境退税覆盖，发展跨境电商（南沙自贸区）
天津	港口型国际消费中心	推进滨海新区免税购物，依托港口优势发展进口商品集散
重庆	内陆国际消费中心、巴渝特色消费名片	打造解放碑—朝天门世界知名商圈，发展山城夜间经济，推动成渝双城消费联动

资料来源：根据各城市有关资料整理。

表 3-2　2013—2024 年中央预算内投资额度表

年份	2013	2014	2015	2016	2017	2018
额度（亿元）	4376	4576	4776	5000	5076	5377
年份	2019	2020	2021	2022	2023	2024
额度（亿元）	5776	6000	6100	6400	6800	7000

数据来源：根据国家发展改革委、财政部等有关数据整理。

【重要表述】

促进消费和投资更好结合，加快补上内需特别是消费短板，使内需成为拉动经济增长的主动力和稳定锚

推动中低收入群体增收减负，完善劳动者工资正常增长机制

从放宽准入、减少限制、优化监管等方面入手，扩大健康、养老、助残、托幼、家政等多元化服务供给

创新和丰富消费场景，加快数字、绿色、智能等新型消费发展

落实和优化休假制度，释放文化、旅游、体育等消费潜力

强化消费者权益保护，营造安全放心消费环境

支持和鼓励民间投资发展，规范实施政府和社会资本合作新机制，引导更多民间资本参与重大基础设施、社会民生等领域建设，让民间资本有更大发展空间

【学习问答】

问 3-1　如何提振消费？

答：在扩大内需中，《报告》把提振消费放在更加突出位置，就实施提振消费专项行动作出部署，明确了主要发力点。促进居民增收、提升消费能力，就是要解决"有没有钱消费"的问题。《报告》提出要多渠道促进居民增收，推动

中低收入群体增收减负，完善劳动者工资正常增长机制等。增加优质供给、创造有效需求，也就是要解决"有钱没处花"的问题，这方面生活服务业领域尤为突出。《报告》提出，持续深化供给侧结构性改革，从放宽准入、减少限制、优化监管等方面入手，扩大健康、养老、助残、托幼、家政等多元化服务供给。改善消费环境、提升消费意愿，也就是要解决群众反映的消费不便利、不放心、没时间消费等问题。《报告》强调落实和优化休假制度，深化国际消费中心城市建设，强化消费者权益保护等，努力改善群众消费体验。

第四章　以新质生产力赋能现代化产业体系建设

【报告摘录】

因地制宜发展新质生产力，加快建设现代化产业体系。推动科技创新和产业创新融合发展，大力推进新型工业化，做大做强先进制造业，积极发展现代服务业，促进新动能积厚成势、传统动能焕新升级。

培育壮大新兴产业、未来产业。深入推进战略性新兴产业融合集群发展。开展新技术新产品新场景大规模应用示范行动，推动商业航天、低空经济、深海科技等新兴产业安全健康发展。建立未来产业投入增长机制，培育生物制造、量子科技、具身智能、6G等未来产业。深化先进制造业和现代服务业融合发展试点，加快发展服务型制造。加强产业统筹布局和产能监测预警，促进产业有序发展和良性竞争。加快国家高新区创新发展。梯度培育创新型企业，促进专精特新中小企业发展壮大，支持独角兽企业、瞪羚企业发展，让更多企业在新领域新赛道跑出加速度。

推动传统产业改造提升。加快制造业重点产业链高质量发展，强化产业基础再造和重大技术装备攻关。进一步扩范围、降门槛，深入实施制造业重大技术改造升级和大规模设备更新工程。加快制造业数字化转型，培育一批既懂行业又懂数字化的服务商，加大对中小企业数字化转型的支持。开展标准提升引领传统产业优化升级行动。深入推进制造业"增品种、提品质、创品牌"工作，加强全面质量管理，打造名品精品、经典产业。

激发数字经济创新活力。持续推进"人工智能＋"行动，将数字技术与制造优势、市场优势更好结合起来，支持大模型广泛应用，大力发展智能网联新能源汽车、人工智能手机和电脑、智能机器人等新一代智能终端以及智能制造装备。扩大5G规模化应用，加快工业互联网创新发展，优化全国算力资源布局，打造具有国际竞争力的数字产业集群。加快完善数据基础制度，深化数据资源开发利用，促进和规范数据跨境流动。促进平台经济规范健康发展，更好发挥其在促创新、扩消费、稳就业等方面的积极作用。

【名词浅释】

1. 新质生产力

2023 年 9 月，习近平总书记在新时代推动东北全面振兴座谈会上强调："积极培育新能源、新材料、先进制造、电子信息等战略性新兴产业，积极培育未来产业，加快形成新质生产力，增强发展新动能。"其后，习近平总书记多次就新质生产力作出重要论述。

2024 年 1 月，习近平总书记在二十届中央政治局第十一次集体学习时指出："新质生产力是创新起主导作用，摆脱传统经济增长方式、生产力发展路径，具有高科技、高效能、高质量特征，符合新发展理念的先进生产力质态。它由技术革命性突破、生产要素创新性配置、产业深度转型升级而催生，以劳动者、劳动资料、劳动对象及其优化组合的跃升为基本内涵，以全要素生产率大幅提升为核心标志，特点是创新，关键在质优，本质是先进生产力。"

2. 未来产业

未来产业是由前沿技术驱动，当前处于孕育萌发阶段或产业化初期，具有显著战略性、引领性、颠覆性和不确定性的前瞻性新兴产业。未来产业代表着新一轮科技革命和产业变革方向，是经济增长的最活跃力量，有望培育发展成先导性支柱产业，是形成新质生产力的重要阵地。

我国发展重点：围绕未来制造、未来信息、未来材料、未来能源、未来空间和未来健康等方向，大力发展人工智能、类脑智能、量子科技、原子级制造、生物制造、人形机器人、低空经济、氢能等未来产业。

3. 战略性新兴产业

战略性新兴产业是以重大技术突破和重大发展需求为基础，对经济社会全局和长远发展具有引领带动作用，知识技术密集、物质资源消耗少、成长潜力大、综合效益好的先进产业，是培育发展新动能、获取未来竞争新优势的关键领域。

主要分类：《中华人民共和国国民经济和社会发展第十四个五年规划和

2035 年远景目标纲要》聚焦科技和产业发展新趋势，将战略性新兴产业划分为新一代信息技术、生物技术、新能源、新材料、高端装备、新能源汽车、绿色环保以及航空航天、海洋装备等九大产业。

4. 低空经济

低空经济是以各种有人驾驶和无人驾驶航空器的各类低空飞行活动为牵引，辐射带动相关领域融合发展的综合性经济形态。其相关产品主要包括无人机、eVTOL（电动垂直起降飞行器）、直升机、传统固定翼飞机等，主要涉及居民消费和工业应用等场景。

应用场景： 物流配送（如无人机送货）、应急救援、农林植保、低空旅游等。

5. 具身智能

具身智能（Embodied Intelligence）指智能体（如机器人、无人机、智能汽车等）通过物理实体与环境实时交互，实现感知、认知、决策和行动一体化。根据业内专家的意见，具身智能是相对离身智能而言的，其核心理念颠覆了传统人工智能的"离身性"局限，强调智能的本质必须通过身体与环境的动态互动来塑造和体现。比如 ChatGPT、DeepSeek 这些大模型就属于离身智能，它们能处理文字、图片等数据，能跟用户聊天、输出信息，但无法直接作用于物理世界。而具身智能则必须要有物理实体，通过"身体"感受世界，并与物理世界进行交互。

6. 6G

6G 是第六代移动通信技术，在 5G 基础上进一步融合通信、计算、感知能力，实现"空天地海"全域覆盖与智能连接。

关键技术： 太赫兹频段、智能超表面（RIS）、人工智能原生网络架构等。

预期场景： 全息通信、数字孪生、智慧城市全域互联等。

7. 独角兽企业

独角兽企业指成立时间短（通常不超过 10 年）、估值超过 10 亿美元且未上市的初创企业，代表创新活力和市场认可度。

8. 瞪羚企业

瞪羚是一种善于跳跃和奔跑、体质强壮、非常敏捷的动物。瞪羚企业指那些已经跨越创业期"死亡谷"，进入高速成长期的创新型中小企业，其跨越式发展如瞪羚跳跃。主要特征如下。

成长速度快：在成立后的几年内能够实现显著的增长，营收或净利润复合增长率通常达到 10% 以上。

创新能力强：无论是在技术、商业模式还是产业组织方面，都展现出强大的创新能力。

发展潜力大：符合新经济发展方向，是区域经济发展活力和创新能力的重要标志。

9. 大模型

大模型通常指的是深度学习中具有大量参数和计算资源需求的神经网络模型。根据业内专家的意见，大模型可以根据其结构和应用领域分为不同的类型。

语言大模型：在大规模语料库上进行训练，以学习自然语言的各种语法、语义和语境规则。

视觉大模型：在大规模图像数据上进行训练，实现图像分类、目标检测、图像分割等视觉任务。

多模态大模型：结合了前两类模型的能力，能够处理文本、图像、音频等多模态数据的大模型，以实现对多模态信息的综合理解和分析。

10. 平台经济

平台经济是以互联网平台为主要载体，以数据为关键生产要素，以新一代信息技术为核心驱动力、以网络信息基础设施为重要支撑的新型经济形态。平台经济是数字经济的重要组成部分。

【资料拓展】

国家高新区的1/2、1/3、1/4

改革开放初期，为追赶全球科技革命浪潮，我国借鉴美国"硅谷"模式，探索以科技园区推动产业升级。1988 年 5 月，国务院批准成立我国首个高新区——北京新技术产业开发试验区（中关村前身），标志国家高新区正式诞生。此后，我国国家高新区队伍不断壮大、实力不断增强。截至 2024 年底，国家高新区总数为 178 个，覆盖 31 个省区市。

2024 年，国家高新区园区生产总值突破 19.3 万亿元，同比名义增长 7.6%，占全国比重为 14.3%；实现工业增加值约 9.8 万亿元，占全国比重 24.1%；规模以上工业企业利润总额约 2.4 万亿元，占全国比重 32.5%。国家高新区货物和服务贸易进出口总额约 9.5 万亿元，同比增长 2.5%，其中出口总额 6 万亿元，同比增长 10.1%。

除了经济发展取得新成效，国家高新区产业科技创新也取得新突破。根据《国家高新区创新能力评价报告（2024）》，自 2010 年以来，国家高新区创新能力总指数持续攀升，从最初的 100 点增长至 505.7 点，年均增长 31 点，呈现"研发资源多、创新生态优、产业绩效佳、开放协同强"的特征。

国家高新区在推动科技创新和产业创新融合发展方面优势明显，三个分数可以具体体现：1/2、1/3、1/4。

"1/2"：国家高新区企业研发经费投入、拥有发明专利数均占全国 50% 左右，即 1/2。

"1/3"：国家高新区聚集了全国 33% 的高新技术企业，即 1/3。

"1/4"：国家高新区聚集了全国 25% 的研发人员，即 1/4。

（资料来源：根据科技部、工业和信息化部等发布的有关数据资料整理）

数字经济概念界定和分类范围

国家统计局公布的《数字经济及其核心产业统计分类（2021）》，将数字经济定义为以数据资源作为关键生产要素、以现代信息网络作为重要载体、以信息通信技术的有效使用作为效率提升和经济结构优化的重要推动力的一系列经济活动。按照该分类，数字经济产业范围确定为：01 数字产品制造业、02 数字产品服务业、03 数字技术应用业、04 数字要素驱动业、05 数字化效率提升业等 5 个大类。

其中，01—04 大类为数字经济核心产业即"数字产业化"部分。数字经济核心产业是指为产业数字化发展提供数字技术、产品、服务、基础设施和解决方案，以及完全依赖于数字技术、数据要素的各类经济活动，主要包括计算机通信和其他电子设备制造业、电信广播电视和卫星传输服务、互联网和相关服务、软件和信息技术服务业等，是数字经济发展的基础。

05 大类为"产业数字化"部分，指应用数字技术和数据资源为传统产业带来的产出增加和效率提升，是数字技术与实体经济的融合。

（资料来源：《数字经济及其核心产业统计分类（2021）》）

国家空域基础分类

2023 年 12 月 21 日，中国民用航空局发布了国家空管委组织制定的《国家空域基础分类方法》。该文件为了充分利用国家空域资源，规范空域划设和管理使用，依据航空器飞行规则和性能要求、空域环境、空管服务内容等要素，将空域划分为 A、B、C、D、E、G、W 等 7 类，其中，A、B、C、D、E 类为管制空域，G、W 类为非管制空域。G 类空域包括 B、C 类空域以外真高 300 米以下空域（W 类空域除外），以及平均海平面高度低于 6000 米、对民航公共运输飞行无影响的空域。而 W 类空域则是指 G 类空域内真高 120 米以下的部分空域。这为我国的低空经济提供了更加明确的管理框架，有助于推动其健康有序发展。

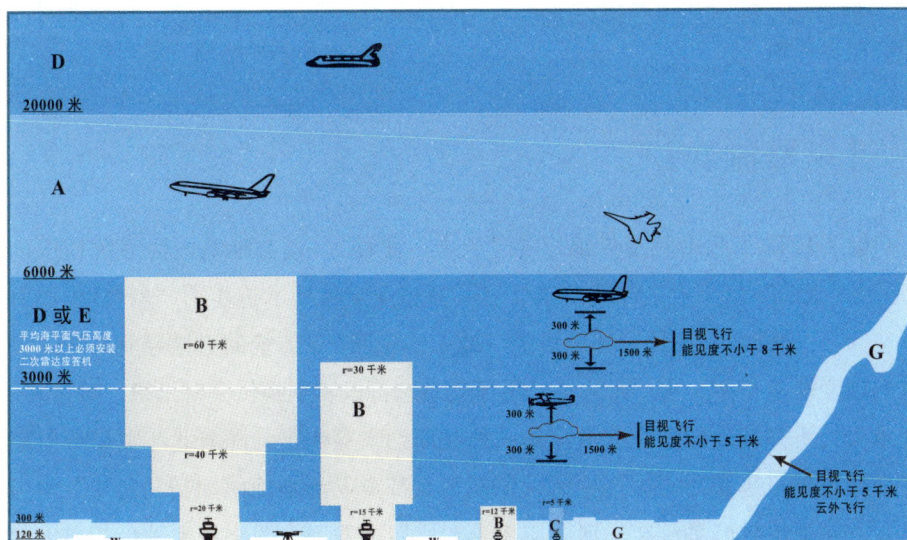

图 4-1　国家空域基础分类示意图

（图片来源：《国家空域基础分类方法》）

【重要表述】

因地制宜发展新质生产力

推动科技创新和产业创新融合发展

积极发展现代服务业

培育壮大新兴产业、未来产业

梯度培育创新型企业，促进专精特新中小企业发展壮大，支持独角兽企业、瞪羚企业发展，让更多企业在新领域新赛道跑出加速度

深入实施制造业重大技术改造升级和大规模设备更新工程

加快制造业数字化转型，培育一批既懂行业又懂数字化的服务商，加大对中小企业数字化转型的支持

持续推进"人工智能+"行动，将数字技术与制造优势、市场优势更好结合起来

支持大模型广泛应用

大力发展智能网联新能源汽车、人工智能手机和电脑、智能机器人等新一代智能终端以及智能制造装备

促进平台经济规范健康发展，更好发挥其在促创新、扩消费、稳就业等方面的积极作用

【以题辅学】

题 4-1. 除了几十颗卫星编织的"天上一张网"，还有地基增强系统构成的"地上一张网"北斗卫星导航系统开启了高精度定位技术进步的"加速度"。有了"天上一张网"，为什么还要再建"地上一张网"？传统的卫星导航系统能提供的精度仅为 5—10 米，而北斗卫星导航系统可以实现提供实时米级、分米级、厘米级的更高精度的定位服务。从农林牧渔到吃穿住行，随着北斗卫星导航芯片或模块越来越多嵌入生产生活，每一个人都愈发清晰地感知到"北斗"的力量。北斗卫星导航系统在发展中应用、在应用中发展表明，技术进步的根本动力是（ ）。【2024 年度"考研"政治之单选题】

A. 科学研究的规范

B. 实践主体的意志

C. 认识主体的兴趣

D. 社会实践的需要

题 4-2. 随着新一代人工智能技术的发展，基于大模型的生成式人工智能在快速创作代码、翻唱经典歌曲等方面取得了新的突破。但是随着技术迭代，人工智能高效地应用于各行业领域，其带来的风险也不容忽视，比如，人工智能技术被恶意使用，可能从事造假犯罪活动。守住法律和伦理底线，推动人工智能朝着科技向善的方向发展，关键还在于人们更智慧地使用人工智能。更智慧地使用人工智能表明（ ）。【2024 年度"考研"政治之多选题】

A. 技术进步要以维护人民的根本利益为最高标准

B. 人类活动能够实现合目的性与合规律性的统一

C. 科技是由人的主观意志决定的客观物质活动

D. 成功的实践是真理尺度与价值尺度的统一

题 4-3. 加快发展数字经济是我国建设现代化产业体系的重要内容。根据《中国互联网发展报告 2023》，截至 2022 年底，中国数据产量和算力总规模均居世界第二。十年间，中国数字经济规模从 11 万亿元增长到 50.2 万亿元，占国内生产总值的比重达到 41.5%。数字经济的快速发展，充分表明（ ）。【2024 年度"考研"政治之多选题】

A. 数据已成为新的生产要素

B. 数字经济正在成为新一轮国际竞争的重点领域

C. 数字经济已取代实体经济

D. 数字经济是稳增长促转型的重要引擎

题 4-4. 怎样理解发展以高技术、高效能、高质量为特征的生产力？

参考答案：

题 4-1. D

题 4-2. ABD

题 4-3. ABD

题 4-4. 要点参考：

高技术、高效能、高质量揭示了新质生产力的基本特征，可以从以下几个方面理解。

第一，新质生产力以科技创新为核心驱动力，离不开高技术。生产力是推动经济社会发展的根本力量，而科学技术是第一生产力。新质生产力是在新一轮科技革命和产业变革加快发展背景下，在基础研究重大突破及原创性、颠覆性技术创新成果应用基础上产生的，是社会生产力的又一次解放。

第二，新质生产力以资源优化配置为支撑，应具有高效能。新质生产力以劳动者、劳动资料、劳动对象优化组合和更新跃升为基本内涵，优化要素投入配置，提升要素组合效能，带来全要素生产率大幅提升。生产要素的内涵在持续拓展，资本、技术要素密集度不断提升，人力资本、知识、管理等的作用大幅提高，数据等新型生产要素的倍增作用凸显。

第三，新质生产力以产业深度转型升级为表征，必然是高质量。产业是生产力的载体，产业转型升级是生产力变革的表现形式。人类每一次重大科技革新都会深刻改变产业形态和生产组织方式，新质生产力同样会带来产业结构、企业形态、产品质量发生重大变革。其中，战略性新兴产业和未来产业具有创新活跃、技术密集、价值高端、前景广阔等特点，是产业转型升级的重要方向。

近年来，我国科技创新能力稳步提高，进入创新型国家行列，有力支撑了新质生产力发展。发展新质生产力作为一个新的战略举措，在理解和落实中有两点需要注意把握：一是发展新质生产力不是忽视、放弃传统产业。传统产业是现代化产业体系的底座，通过技术革新可以激发传统产业焕发新生机，成为发展新质生产力的重要来源。二是发展新质生产力要因地制宜、稳扎稳打。我国幅员辽阔，区域发展差异大，各地区要找准自身在国家发展全局中的战略定位，尊重产业发展客观规律，充分发挥本地区发展潜能和比较优势，稳扎稳打发展新质生产力。

（资料来源：根据《党的二十届三中全会〈决定〉学习辅导百问》中有关内容编写）

【学习问答】

问 4-1 激发数字经济创新活力有哪些举措？

答： 数字经济是国际竞争焦点领域，发展数字经济是壮大新质生产力、推动高质量发展的必然选择。必须激发数字经济创新活力，促进数字经济和实体经济深度融合，不断培育竞争新优势、增强发展新动能。

（一）持续推进"人工智能＋"行动。突出应用牵引、需求导向，将数字技术与制造优势、市场优势更好结合起来，推动人工智能加快赋能千行百业、走进千家万户，促进科技创新和市场应用良性互动。积极拓展人工智能行业应用。围绕制造、农业、交通、教育、医疗等重点行业领域，分类制定"人工智能＋"实施方案，支持大模型广泛应用特别是在行业垂直领域的研发应用，发展智能制造装备，推动人工智能应用向研发设计、中试验证、生产制造、营销服务、运营管理等全流程延伸，解决好因过多采用"私有化部署＋项目制"的方式而造成市场"碎片化"的问题。大力促进人工智能终端消费。制定实施人工智能终端创新发展实施方案，坚持硬件软件并重，推动大模型与智能终端深度融合，增加高质量智能终端供给，带动培育壮大智能软件企业。通过实施以旧换新等政策，支持发展智能网联新能源汽车、人工智能手机和电脑、智能机器人等新一代智能终端，让更多群众畅享智能生活。引导人工智能供需双方联合创新，挖掘典型应用场景，突破关键核心技术，打造自主可控产业生态。动态调整完善监管体系、监管标准和监管规则，切实守住安全底线。

（二）夯实数字经济发展基础。加快网络设施建设，持续优化 5G 网络，加大 5G 创新产品和设备应用支持，降低 5G 应用部署门槛，扩大 5G 规模化应用；深化"5G＋工业互联网"，加快工业互联网创新发展。优化算力资源布局，深入实施"东数西算"工程，加快全国一体化算力网建设；统筹通用算力、智能算力、超级算力布局，推动训练算力和推理算力协调发展；支持算力中心节能降碳改造和用能设备更新，引导新建算力中心与可再生能源发电协同布局，推动算电协同发展。强化数据基础设施建设，制定统一目录标识、统一身份登记、统一接口要求的标准规范，分类施策推进企业、行业、城市、个人、跨境可信数据空间建设和应用。打造具有国际竞争力的数字产业集群，促进科技、人才、金融等要素向集群高效流动集聚，支持集群内大中小企业融通创新，推动集群间差异化发展。

（三）充分发挥数据要素作用。立足数据"供得出、流得动、用得好、保安全"，推进数据要素配置市场化改革，释放数据要素价值。加快完善数据基础制度，完善公共数据资源授权运营管理制度，建立公共数据资源登记、披露和价格形成机制，健全数据产权归属认定、市场交易、权益分配、利益保护、安全治理等方面基础制度。深化数据资源开发利用，推进公共数据共享和开发利用，促进企业数据开发利用，发展数据服务商和第三方专业服务机构，培育壮大全国一体化数据市场。促进和规范数据跨境流动，健全数据出境安全管理制度、机制和程序，在保障重要数据和个人信息安全的前提下，促进数据跨境有序流动；积极推进双边谈判、参与多边治理，促进规则对接和标准互认。

（四）促进平台经济规范健康发展。坚持促进发展和监管规范两手抓、两手硬，促进平台经济转型升级、扩容提质，更好发挥其在促创新、扩消费、稳就业等方面的积极作用。支持平台经济创新发展。推动平台企业加强科技创新，提升数字技术、产品和服务水平，面向中小企业开放共享创新资源，鼓励平台企业布局发展工业互联网，推动平台企业走出去开展务实合作。支持平台经济在扩消费、稳就业中发挥更大作用。深入实施数字消费提升行动，促进激发消费潜力。加强灵活就业和新就业形态劳动者权益保障，助力实现高质量充分就业。加强平台经济监管。推进线上线下一体、跨区域跨部门协同的监管执法，强化合规指引，规范平台经济市场秩序。建立健全透明可预期的常态化监管制度，提升监管效能。强化与平台企业常态化沟通交流，及时了解和回应企业诉求。

第五章　提升国家创新体系整体效能

【报告摘录】

深入实施科教兴国战略，提升国家创新体系整体效能。坚持创新引领发展，一体推进教育发展、科技创新、人才培养，筑牢中国式现代化的基础性、战略性支撑。

加快建设高质量教育体系。制定实施教育强国建设三年行动计划。全面实施新时代立德树人工程，推进大中小学思政课一体化改革创新。深入实施基础教育扩优提质工程，健全与人口变化相适应的资源统筹调配机制。加强义务教育学校标准化建设，推动义务教育优质均衡发展，扩大高中阶段教育学位供给，提升县域高中质量，逐步推行免费学前教育。办好特殊教育、继续教育、专门教育，引导规范民办教育发展。推进职普融通、产教融合，增强职业教育适应性。分类推进高校改革，扎实推进优质本科扩容，加快"双一流"建设，完善学科设置调整机制和人才培养模式。积极开展学校体育活动，普及心理健康教育，关爱师生身心健康。弘扬教育家精神，建设高素质专业化教师队伍，加强师德师风建设和教师待遇保障。要紧紧围绕国家需求和群众关切推进教育改革发展，加快从教育大国向教育强国迈进。

推进高水平科技自立自强。充分发挥新型举国体制优势，强化关键核心技术攻关和前沿性、颠覆性技术研发，加快组织实施和超前布局重大科技项目。优化国家战略科技力量布局，推进科研院所改革，探索国家实验室新型科研组织模式，增强国际和区域科技创新中心辐射带动能力。推动科技支出向基础研究倾斜，完善竞争性支持和稳定支持相结合的投入机制，提高基础研究组织化程度。发挥科技领军企业龙头作用，加强企业主导的产学研深度融合，从制度上保障企业参与国家科技创新决策、承担重大科技项目。完善中央财政科技经费分配和管理使用机制。健全科技成果转化支持政策和市场服务，推进职务科技成果赋权和资产单列管理改革，提升科技成果转化效能。加强知识产权保护和运用。加快概念验证、中试验证和行业共性技术平台建设。健全创投基金差异化监管制度，强化政策性金融支持，加快发展创业投资、壮大耐心资本。扩大科技开放合作。加强科学普及工作，提升公民科学素质。弘扬科学家精神，推动形成鼓励探索、宽容失败的创新环境。

全面提高人才队伍质量。发挥人才高地和人才平台的辐射作用，加快建设国家战略人才力量，加强拔尖创新人才、重点领域急需紧缺人才和高技能人才培养。大力支持、大胆使用青年科技人才。弘扬工匠精神，建设一流产业技术工人队伍。完善海外引进人才支持保障机制，优化外籍人才服务。深化人才管理和使用制度改革，赋予用人单位更大自主权，推动产学研人才联合培养和交流。促进人才区域合理布局，加强东中西部人才协作，鼓励优秀人才在中西部地区建功立业。深化人才分类评价改革和科教界"帽子"治理，建立以创新能力、质量、实效、贡献为导向的人才评价体系，鼓励各类人才潜心钻研、厚积薄发。

【名词浅释】

1. 职普融通

职普融通指职业教育与普通教育（基础教育、高等教育）之间的互通衔接机制，旨在打破两类教育的壁垒，促进人才多元化发展。主要有以下特点。

课程互通：普通教育引入职业技能课程，职业教育融入通识教育内容。

学籍互转：允许学生在职业学校和普通学校间双向流动（如"职普融通班"）。

2. 产教融合

产教融合指产业与教育深度协作，通过校企合作、共建实训基地等方式，实现人才培养与产业需求精准对接。

订单式培养：企业参与课程设计，定向输送技术技能人才。

产业学院：高校与企业联合成立学院，开展技术研发与人才共育。

政策支持：国家产教融合建设试点（如"1+X"证书制度）。

3. "双一流"

"双一流"指建设世界一流大学和一流学科，这是党中央、国务院作出的重大战略决策。2015 年 10 月，国务院印发《统筹推进世界一流大学和一流学科建设总体方案》，正式启动"双一流"建设计划，明确提出每五年一个周期，

2016 年开始新一轮建设。

2017 年 9 月，教育部、财政部、国家发展改革委发布通知，公布了"双一流"建设高校及建设学科名单，共有建设高校 137 所。

2022 年 2 月，教育部、财政部、国家发展改革委发布通知，公布了第二轮"双一流"建设高校及建设学科名单，共有建设高校 147 所。

4. 国家战略科技力量

在国家创新体系中，国家战略科技力量是体现国家意志、服务国家需求、代表国家水平的科技中坚力量，是促进高质量发展、维护国家安全的重要战略支撑。国家实验室、国家科研机构、高水平研究型大学、科技领军企业都是国家战略科技力量的重要组成部分。

5. 国家实验室

国家实验室是国家集中资源建设的综合性科研平台，聚焦基础研究和关键核心技术攻关。

布局方向： 量子信息、清洁能源、脑科学与类脑研究等。

6. 概念验证

概念验证是指从技术、市场、产业等维度，对科技成果进行验证，旨在验证技术可行性并判断商业价值、评估市场潜力，是吸引社会资本推动科技成果形成产品、迈向市场化产业化应用阶段的重要环节。

重要意义： 概念验证阶段是科技成果从技术构想到产业化应用的第一步，被称为科技成果转化的"最先一公里"。

7. 中试验证

中试验证是在实验室成果与产业化之间进行的中间规模试验，验证技术的可量产性及成本控制能力。

重要意义： 解决科技成果转化中试环节缺失问题。

8. 行业共性技术平台

行业共性技术平台是为某一行业提供基础性、通用性技术研发服务的公共平台，解决单个企业难以突破的技术瓶颈。

服务内容：技术研发、标准制定、检测认证。

9. 创投基金

创投基金是创业投资基金的简称，是指向处于创建或重建过程中的未上市成长性创业企业进行股权投资，以期所投资创业企业发育成熟或相对成熟后，主要通过股权转让获取资本增值收益的股权投资基金。

10. 耐心资本

耐心资本是一种专注于长期投资的资本形式，不以追求短期收益为首要目标，而更重视长期回报的项目或投资活动，通常不受市场短期波动干扰，是对资本回报有较长期限展望且对风险有较高承受力的资本。从全球实践看，耐心资本主要来源于政府投资基金、养老基金（包括社保基金、企业年金、个人养老金）、保险资本等，是私募创投基金、公募基金等引入中长期资金的重要来源，能够为投资项目、资本市场提供长期稳定的资金支持，是科技创新和产业创新的关键要素保障，是发展新质生产力的重要条件和推动力。

11. 国家战略人才力量

国家战略人才力量是指那些在关键科学技术领域中，具备深厚的专业知识、卓越的创新能力、敏锐的战略眼光和强烈的使命感，能够领军国家重大科技任务，组织解决关键核心技术问题，引领科学和技术发展方向，为国家发展和安全提供强大智力支持的高素质、专业化人才群体。他们不仅在科学研究和技术创新方面表现出色，更能够从战略高度把握科技发展趋势，为国家制定和实施科技战略、规划和政策提供重要支撑。

【资料拓展】

国际和区域科技创新中心

国际科技创新中心是创新资源密集，科研实力雄厚，成果辐射范围广泛，科技创新文化先进，科技基础设施健全，支柱产业具有国际化、高端化、多元化特征且在全球价值链中处于主导地位，以科技创新作为核心发展动力的城市或地区。国际科技创新中心是全球创新网络中的重要枢纽和节点，对全球科技发展具有较强影响力。从我国实践来看，国际科技创新中心肩负着推动重要区域率先实现创新驱动转型、引领带动我国高质量发展的重任，是重要的原始创新高地和新兴产业策源地。

区域科技创新中心是在一定区域范围内，科技创新资源和创新活动相对集中，科技创新实力较强，在产业、人才、资金、技术和信息等方面对区域创新发展具有引领与辐射带动作用，以科技创新作为主要发展动力的城市或地区。区域科技创新中心是国家创新网络中的重要节点，在特定科技创新与产业创新领域起引领作用。

2024 年 11 月 21 日，由清华大学团队与 Nature 合作编制的《国际科技创新中心指数 2024》（GIHI2024）面向全球发布。数据显示，我国三大国际科技创新中心表现优异：北京蝉联全球第三，粤港澳大湾区第六，上海超越巴黎和东京，上升至全球第七。综合排名前 10 的科创城市（都市圈）依次为旧金山—圣何塞、纽约、北京、波士顿、伦敦、粤港澳大湾区、上海、巴黎、东京和巴尔的摩—华盛顿。国际科技创新中心有力支撑了全球经济复苏进程。

排名前 20 的城市得分形态展现出 4 种发展模式：创新高地型城市包括旧金山—圣何塞、东京等，通过推动新兴产业的快速发展和技术创新的不断突破，展现出强劲的产业竞争力；以纽约、北京、粤港澳大湾区为代表的科学中心型城市，凭借顶尖的科研实力和深厚的学术积累成为全球科技创新的重要枢纽；科学中心＋创新生态型发展模式在基础科学研究与创新环境齐头并进，科技成果产业化的发展空间大，伦敦、上海等 7 个城市具有相似特征；均衡型发展模式包括慕尼黑、圣地亚哥、新加坡等，在科研基础、创新产业化和生态环境等方面发展相对均衡，通过持续开放合作和资源整合维持全球竞争力。

（资料来源：根据清华大学团队与 Nature 合作编制的《国际科技创新中心指数 2024》等有关资料整理）

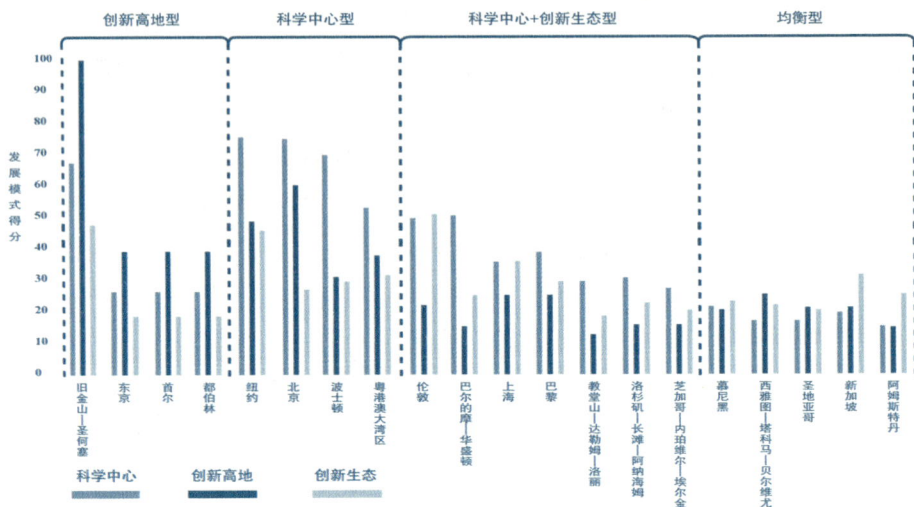

图 5-1　国际科技创新中心发展模式指数得分

（图片来源：清华大学团队与 Nature 合作编制的《国际科技创新中心指数 2024》）

【重要表述】

一体推进教育发展、科技创新、人才培养，筑牢中国式现代化的基础性、战略性支撑

健全与人口变化相适应的资源统筹调配机制

推动义务教育优质均衡发展，扩大高中阶段教育学位供给

逐步推行免费学前教育

分类推进高校改革，扎实推进优质本科扩容，加快"双一流"建设，完善学科设置调整机制和人才培养模式

普及心理健康教育

加强师德师风建设和教师待遇保障

完善竞争性支持和稳定支持相结合的投入机制，提高基础研究组织化程度

弘扬科学家精神，推动形成鼓励探索、宽容失败的创新环境

大力支持、大胆使用青年科技人才

建设一流产业技术工人队伍

完善海外引进人才支持保障机制，优化外籍人才服务

推动产学研人才联合培养和交流

深化人才分类评价改革和科教界"帽子"治理，建立以创新能力、质量、实效、贡献为导向的人才评价体系

【以题辅学】

题 5-1. 中国共产党第二十届中央委员会第三次全体会议在北京召开，并通过了《中共中央关于进一步全面深化改革、推进中国式现代化的决定》，中国式现代化的基础性和战略性支撑是（ ）。【2025 年度"考研"政治之单选题】

　　A. 高水平的社会主义市场经济体制

　　B. 科学的宏观调控、有效的政府治理

　　C. 相互协调的物质文明和精神文明

　　D. 教育、科技、人才

题 5-2. 党和国家历来重视基础研究工作。中共中央政治局 2023 年 2 月 21 日就加强基础研究进行第三次集体学习。中共中央总书记习近平在主持学习时强调，加强基础研究，是实现高水平科技自立自强的迫切要求，是建设世界科技强国的必由之路。加强基础研究，归根到底要靠（ ）。【2024 年度"考研"政治之单选题】

　　A. 体制机制　　　　　　　　B. 国际合作平台

　　C. 学科建设布局　　　　　　D. 高水平人才

题 5-3. 习近平总书记指出，要加强科技基础能力建设，深化科技体制改革，打造科创高地。关于深化科技体制改革，下列表述正确的是（ ）。【2025 年度"国考"行测之政治理论试题】

　　A. 建立以竞争性支持取代稳定支持的基础研究投入机制

　　B. 允许科研类事业单位实行比一般事业单位更灵活的管理制度

　　C. 限制开展高风险、高投入基础研究

　　D. 降低科技人员在科技成果转化收益分配上的自主权

题 5-4. 习近平总书记强调，要牢牢扭住自主创新这个"牛鼻子"。关于自主创新的举措，下列表述正确的有（ ）项。【2025 年度"国考"行测之政治理论

试题】

①主动对接国家战略需求，整合和优化科教创新资源

②培育产业园区，加强对口合作，加快科研成果落地转化

③培育新能源、新材料、先进制造、电子信息等战略性新兴产业

④建设风光火核储一体化能源基地

⑤逐步弱化央地合作，鼓励各地自主发展新兴产业

A.2　　　　　　　　　B.3

C.4　　　　　　　　　D.5

题 5-5. 2023 年 5 月 29 日，习近平总书记在二十届中央政治局第五次集体学习时指出，建设教育强国、科技强国、人才强国具有内在一致性和相互支撑性，要把三者有机结合起来、一体统筹推进，形成推动高质量发展的倍增效应。坚持教育、科技、人才一体推进是因为（　）。【2024 年度"考研"政治之多选题】

A. 教育、科技、人才三者之间具有一致性和相互支撑性

B. 教育、科技、人才在综合国力竞争中的关键地位更加凸显

C. 教育、科技、人才是全面建设社会主义现代化国家的基础性和战略性支撑

D. 把教育、科技、人才摆在经济社会发展的重要位置是社会主义现代化建设的历史经验

参考答案：

题 5-1. D

题 5-2. D

题 5-3. B

题 5-4. C

题 5-5. ABCD

【学习问答】

问 5-1　加强企业主导的产学研深度融合有什么新举措？

答： 企业是科技和经济紧密结合的重要力量，实现高水平科技自立自强，需要培育壮大一批创新能力强的企业，不断增强国际竞争力。党的二十届三中全会明确提出，强化企业科技创新主体地位，要求加强企业主导的产学研深度融合。要贯彻落实党中央决策部署，顺应新一轮科技革命和产业变革发展趋势，推动创新要素向企业特别是科技领军企业加速集聚，实现创新链产业链资金链人才链深度融合。

（一）改革立项机制支持企业成为科技创新"出题者"。企业对产业链供应链安全稳定需求的了解最到位，对关键核心技术"卡脖子"的感受最突出，提出的问题更有针对性。要支持科技领军企业牵头梳理"卡点""堵点"难题，明确任务目标，形成重大攻关任务清单。围绕全球前沿技术创新和未来产业发展方向，由科技领军企业联合上下游、产学研力量，研究提出前沿性、颠覆性技术问题。围绕制约产业创新发展和技术瓶颈背后的科学原理，支持有条件企业联合高校院所，凝练基础研究和应用基础研究问题。建立供需对接机制，引导高校院所主动对接企业攻关需求，组织开展科研活动。

（二）支持企业主导产学研融合成为技术创新"组织者"。产学研融合要奔着问题去，在重大项目攻关中实现融通创新。围绕实施国家战略任务、培育战略性产业、解决行业关键共性技术等重大需求，发挥新型举国体制优势，支持科技领军企业联合高校院所和上下游企业，牵头组建体系化、任务型创新联合体，一体化配置项目、基地、人才、资金等创新要素，建立健全产学研各方利益分配、成果转化、人才激励等机制，畅通技术研发、中试验证、产业化应用全链条。支持企业牵头承担重大科技项目，并赋予其技术路线制定权、参与单位决定权和经费使用自主权。科技平台是增强自主创新能力的重要支撑，要支持企业参与全国重点实验室、国家技术创新中心、制造业创新中心等平台建设，持续提升资源统筹、技术创新、系统集成水平。

（三）强化市场导向促进企业成为创新成果"阅卷人"。以产业应用为导向的项目做得怎么样，企业最有发言权，让企业成为"阅卷人"，谁使用谁评价，也有利于促进高校院所围绕企业需求开展创新。要坚持应用导向、实践检验，技术开发类项目要发挥企业和用户单位主导作用，将测试验证结果、市场应用情况和用户评价意见作为主要依据；应用研究类项目评价也要充分听取企业意见，将对企业开发新产品新技术的支撑作用、成果转化应用前景作为重要依据。强化科技成果跟踪管理，以市场应用成效推动科技项目不断迭代、创新成果持续升级。

（四）推动各类创新要素向企业集聚。这有利于让企业更有能力主导产学研深度融合。落实支持科技创新税收优惠，扩大国家自然科学基金企业创新发展联合基金规模，多措并举支持企业加大研发投入。现在，每年的博士毕业生中有超过五分之一到企业工作，表明企业的人才吸引力显著增强。要鼓励企业深度参与高校未来技术学院、现代产业学院、创新创业学院等建设，开展产学研合作协同育人项目，强化支撑产业创新的人才供给。健全企业与高校院所科研人员双向流动机制，支持高校院所科研人员保留原有身份到企业专门从事产业技术创新，鼓励高校院所积极引进企业科技人才，推动企业在重大项目攻关中发现和培养战略科学家和青年科技人才。数据已成为越来越重要的创新要素，要加快建设数字化基础设施，推动建立面向企业的数据安全有效共享机制，加大科学数据和工程实验数据向企业开放力度，推进重点产业数字化转型，充分发挥数据驱动企业创新的基础资源和引擎作用。

问 5-2 如何深化人才管理和使用制度改革？

答：坚持深化人才发展体制机制改革，是做好人才工作的重要保障。党的二十届三中全会对深化人才发展体制机制改革作出部署，《报告》提出了具体落实的明确要求。要坚持问题导向和破题导向，着力解决多年困扰、反映强烈的突出问题，下功夫破除人才管理和使用等方面的体制机制障碍。

（一）赋予用人单位更大自主权。长期以来，一些部门和单位习惯把人才管住，许多政策措施都是着眼于管，而在服务、支持、激励等方面措施不多、方法不灵。要按照抓战略、抓改革、抓规划、抓服务的定位，转变作风、提升能力，强化规划政策引导，推动人才管理职能转变。遵循人才成长规律和科研规律，进一步破除"官本位"、行政化的传统思维，完善人才管理制度，做到人才为本、信任人才、尊重人才、善待人才、包容人才。人才好不好用、怎样用好，用人单位最有发言权。要坚持向用人单位授权、为人才松绑，充分发挥用人单位在人才培养、引进、使用中的积极作用。改革重大科技项目立项和组织管理方式，赋予科学家更大技术路线决定权、更大经费支配权、更大资源调度权，健全保障科研人员专心科研制度。以国家发展需要和社会需求为导向，打通高校、科研院所和企业人才交流通道，围绕国家重点领域、重点产业组织产学研协同攻关，在重大科研任务中推进协同育人、联合培养人才。

（二）促进人才区域合理布局。目前，我国人才资源总量、科技人力资源、研发人员总量均居全球首位，但区域布局不够科学合理，人才主要聚集在东部沿海地区。针对这一状况，要坚持系统观念，加强人才发展的统筹规划，研究如何更多通过财政、税收政策和薪酬待遇、精神激励等措施办法，引导人才在区域间合理布局，鼓励优秀人才在中西部地区建功立业。着力推动区域人才交流协作，优化人才政策措施，激励更多人才扎根西部，积极参与西部大开发。精准实施"博士服务团""西部之光"访问学者项目、专家服务基层行动，开展高层次专家咨询服务活动。实施专业人才服务东北、东北专业人才跟岗学习等项目，推动东北人才振兴。采取针对性政策措施，推动中部地区人才队伍发展壮大。受区域经济社会发展程度等客观因素影响，我国区域间人才流动不够有序合理。要加强对人才流动的政策引导和监督，完善人才计划入选者流动管理制度，加快建立高层次人才流动监测和流失预警机制，引导各地区特别是东部地区把重心放在引进海外高层次人才和加强人才自主培养上。建立健全区域间人才流动调节机制，推动人才以项目合作、技术咨询等方式在区域间柔性流动，实现人才资源的优化配置。

（三）完善海外引进人才支持保障机制。推进中国式现代化既需要世界人才的参与，也为世界人才提供机遇。要把握和用好国际引才窗口期，实行更加积极、更加开放、更加有效的人才引进政策，形成具有吸引力和国际竞争力的人才制度体系，加快建设世界重要人才中心和创新高地。坚持全球视野、世界一流水平，千方百计引进能为我所用的顶尖人才，使更多全球智慧资源、创新要素为我所用。搭建世界级人才发展增值平台，优化海外人才公共服务体系建设，推动完善服务载体网络，营造高品质人才发展生态。近年来，外国专家服务保障机制逐步健全，实现了外国人工作许可证与社会保障卡融合集成，做到了工作许可"一次申请、不见面审批、全程网办"。要持续优化外籍人才服务，推进外国人才服务保障综合配套改革试点，完善工作许可与签证、居留等的联动机制，大力拓宽加载工作许可信息的社会保障卡应用场景，依托实体社保卡和电子社保卡，为外国人才在华工作和生活提供更多便利。

第六章　统筹推进深层次改革和高水平开放

【报告摘录】

推动标志性改革举措加快落地，更好发挥经济体制改革牵引作用。扎实推进重点领域改革，着力破除制约发展的体制机制障碍，创造更加公平、更有活力的市场环境。

有效激发各类经营主体活力。坚持和落实"两个毫不动摇"。高质量完成国有企业改革深化提升行动，实施国有经济布局优化和结构调整指引，加快建立国有企业履行战略使命评价制度。扎扎实实落实促进民营经济发展的法律法规和政策措施，切实依法保护民营企业和民营企业家合法权益，鼓励有条件的民营企业建立完善中国特色现代企业制度。加力推进清理拖欠企业账款工作，强化源头治理和失信惩戒，落实解决拖欠企业账款问题长效机制。深化政企常态化沟通交流，切实帮助企业解决实际困难和问题。多措并举精准支持个体工商户发展。开展规范涉企执法专项行动，集中整治乱收费、乱罚款、乱检查、乱查封，坚决防止违规异地执法和趋利性执法。政府要寓管理于服务之中，用服务的暖心增强企业的信心。

纵深推进全国统一大市场建设。加快建立健全基础制度规则，破除地方保护和市场分割，打通市场准入退出、要素配置等方面制约经济循环的卡点堵点，综合整治"内卷式"竞争。实施全国统一大市场建设指引，修订出台新版市场准入负面清单，优化新业态新领域市场准入环境。制定重点领域公平竞争合规指引，改革完善招标投标体制机制。出台健全社会信用体系的政策，构建统一的信用修复制度。完善企业简易退出制度，逐步推广经营主体活动发生地统计。加快建设统一开放的交通运输市场，实施降低全社会物流成本专项行动。

深化财税金融体制改革。开展中央部门零基预算改革试点，支持地方深化零基预算改革，在支出标准、绩效评价等关键制度上积极创新。加快推进部分品目消费税征收环节后移并下划地方，增加地方自主财力。规范税收优惠政策。积极探索建立激励机制，促进地方在高质量发展中培育财源。严控财政供养人员规模。完善科技金融、绿色金融、普惠金融、养老金融、数字金融标准体系和基础制度。深化资本市场投融资综合改革，大力推动中长期资金入市，加强战略性力量储备和稳市机制建设。改革优化股票发行上市和并购重组制度。加快多层次债券市场发展。

扩大高水平对外开放，积极稳外贸稳外资。无论外部环境如何变化，始终坚持对外开放不动摇，稳步扩大制度型开放，有序扩大自主开放和单边开放，以开放促改革促发展。

稳定对外贸易发展。加大稳外贸政策力度，支持企业稳订单拓市场。优化融资、结算、外汇等金融服务，扩大出口信用保险承保规模和覆盖面，强化企业境外参展办展支持。促进跨境电商发展，完善跨境寄递物流体系，加强海外仓建设。拓展境外经贸合作区功能，发展中间品贸易，开拓多元化市场。支持内外贸一体化发展，加快解决标准认证、市场渠道等方面问题。推动服务贸易创新发展，提升传统优势服务竞争力，鼓励服务出口，扩大优质服务进口。培育绿色贸易、数字贸易等新增长点，支持有条件的地方发展新型离岸贸易，积极发展边境贸易。高质量办好进博会、广交会、服贸会、数贸会、消博会等重大展会。推进智慧海关建设与合作，提升通关便利化水平。

大力鼓励外商投资。推进服务业扩大开放综合试点示范，推动互联网、文化等领域有序开放，扩大电信、医疗、教育等领域开放试点。鼓励外国投资者扩大再投资，支持参与产业链上下游配套协作。切实保障外资企业在要素获取、资质许可、标准制定、政府采购等方面的国民待遇。加强外资企业服务保障，加快标志性项目落地，持续打造"投资中国"品牌。推动自贸试验区提质增效和扩大改革任务授权，加紧推进海南自由贸易港核心政策落地，完善经开区开放发展政策，促进综合保税区转型升级。持续营造市场化、法治化、国际化一流营商环境，让外资企业更好发展。

推动高质量共建"一带一路"走深走实。统筹推进重大标志性工程和"小而美"民生项目建设，形成一批示范性合作成果。保障中欧班列稳定畅通运行，加快西部陆海新通道建设。引导对外投资健康安全有序发展，强化法律、金融、物流等海外综合服务，优化产业链供应链国际合作布局。

深化多双边和区域经济合作。持续扩大面向全球的高标准自由贸易区网络，推动签署中国—东盟自贸区 3.0 版升级协定，积极推动加入《数字经济伙伴关系协定》和《全面与进步跨太平洋伙伴关系协定》进程。坚定维护以世界贸易组织为核心的多边贸易体制，扩大同各国利益的汇合点，促进共同发展。

【名词浅释】

1."两个毫不动摇"

"两个毫不动摇"指"毫不动摇巩固和发展公有制经济"和"毫不动摇鼓励、支持、引导非公有制经济发展"。

2. 全国统一大市场

2022 年 4 月公布的《中共中央、国务院关于加快建设全国统一大市场的意见》明确提出"加快建设高效规范、公平竞争、充分开放的全国统一大市场"。党的二十届三中全会把构建全国统一大市场列为一项重大改革任务，强调"加强公平竞争审查刚性约束，强化反垄断和反不正当竞争，清理和废除妨碍全国统一市场和公平竞争的各种规定和做法"。

3."内卷式"竞争

"内卷式"竞争描述的是一种非理性竞争状态，通常表现为同质化竞争、低效低水平竞争。

4. 社会信用体系

社会信用体系是社会主义市场经济体制和社会治理体制的重要组成部分。它以法律、法规、标准和契约为依据，以健全覆盖社会成员的信用记录和信用基础设施网络为基础，以信用信息合规应用和信用服务体系为支撑，以树立诚信文化理念、弘扬诚信传统美德为内在要求，以守信激励和失信约束为奖惩机制，目的是提高全社会的诚信意识和信用水平。

5. 科技金融

科技金融是通过银行、证券、保险、创业投资、抵押、担保等金融方式和服务，支持科研、成果转化和科技型企业发展的金融模式。《中共中央关于进一步全面深化改革、推进中国式现代化的决定》提出："构建同科技创新相适应的科技金融体制，加强对国家重大科技任务和科技型中小企业的金融支持，完善长期资本投早、投小、投长期、投硬科技的支持政策。"

6. 绿色金融

绿色金融是指为支持环境改善、应对气候变化和资源节约高效利用，对环保、节能、清洁能源、绿色交通、绿色建筑等领域的项目投融资、项目运营、风险管理等所提供的金融服务。

7. 普惠金融

普惠金融是指立足机会平等要求和商业可持续原则，以可负担成本为有金融服务需求的社会各阶层和群体提供适当、有效的金融服务。小微企业、农民、城镇低收入人群、贫困人群和残疾人、老年人等特殊群体是当前我国普惠金融重点服务对象。

8. 养老金融

养老金融是指综合运用信贷、保险、债券、股权、理财等金融工具，满足社会成员的多样化养老需求，服务银发经济发展的一系列金融活动总和，包括养老金管理、银发经济融资与风险管理、养老金融产品和服务及老年群体金融权益保障等。

9. 数字金融

数字金融是指通过互联网及信息技术手段与传统金融结合的新一代金融服务，主要表现为互联网支付、移动支付、网上银行、金融服务外包以及网上贷款、网上证券、网上保险等金融业态。

10. 出口信用保险

出口信用保险是指信用机构对企业投保的出口货物、服务、技术和资本的出口应收账款提供安全保障机制。它以出口贸易中的国外买方信用风险为保险标的，保险人承保国内出口商在经营出口业务中因进口商方面的商业风险或进口国方面的政治风险而遭受的损失。

核心功能： 风险规避，保障企业免受海外市场不确定性的冲击；融资支持，保单可作为银行贸易融资的增信工具。

11. 海外仓

海外仓是指建立在海外的仓储设施，用于跨境电子商务中的商品存储和分发。海外仓的建立使得国内企业可以将商品运往目标市场国家的仓库进行储存，然后根据当地销售订单直接从仓库进行分拣、发货等操作。这种模式有利于解决跨境电子商务中的物流和配送问题，降低了清关障碍，缩短了配送时间，并降低了运输成本。同时，客户收到货物后可以更容易地进行退换货，从而改善了购物体验。

12. 境外经贸合作区

境外经贸合作区是我国企业在有关国家投资建设或与当地企业共同建设的产业园区。在共建"一带一路"倡议引领下，境外经贸合作区建设取得积极成效，对于支持国内企业开拓国际市场、深化互利合作、促进当地经济社会发展和工业化进程发挥了重要的作用。

13. 中间品贸易

中间品贸易是指在生产过程中，将原材料、零部件或半成品从一个国家或地区进口到另一个国家或地区，然后再进行加工、组装或合成，最终再出口到第三个国家或地区的贸易活动。这些生产要素在国际间的直接流动，既体现了商品的生产属性，也体现了商品的交易特性。中间品贸易对国际贸易和全球经济发展有着重要的推动作用，对企业运营绩效、全要素生产率（TFP）、全球价值链地位等具有积极影响。

14. 服务贸易

服务贸易指以服务作为交易对象的国际贸易，包括教育、金融、旅游、知识产权等非实物形态领域。

分类：按照世界贸易组织（WTO）在《服务贸易总协定》（GATS）中的界定，服务贸易主要包括4种提供方式：跨境交付、境外消费、商业存在和自然人流动。跨境交付，如在线教育、远程医疗；境外消费，如留学、跨境旅游；商业存在，如外资银行在华设立分行；自然人流动，如外籍专家来华工作。

15. 绿色贸易

绿色贸易指以环保标准为导向的商品和服务贸易，涵盖清洁能源设备、低碳技术、环境服务等。

我国实践： 据海关总署发布的我国 2024 年数据，在绿色能源领域，风电风力发电机组出口增长 71.9%，光伏产品连续 4 年出口超过 2000 亿元，锂电池出口 39.1 亿个，创历史新高；在绿色交通领域，铁道电力机车出口量连续 5 年保持增加，电动摩托车和电动自行车热销海外市场，出口值首次突破 400 亿元，电动汽车出口量首次突破 200 万辆。

16. 数字贸易

数字贸易是指以数据为关键生产要素、数字服务为核心、数据订购与交付为主要特征的贸易。据商务部解释，数字贸易包括数字货物贸易、数字技术贸易、数字服务贸易和跨境数据流动贸易 4 个部分。作为数字经济的重要组成部分，数字贸易带动全球产业链供应链价值链加速整合优化，并且加快重构全球贸易模式、结构和规则。

17. 新型离岸贸易

新型离岸贸易指企业依托自贸港 / 区政策，开展无需货物实际进出境的国际贸易，包括但不限于离岸转手买卖、全球采购、委托境外加工、承包工程境外购买货物等。

主要创新： 相较于传统跨境进出口贸易，新型离岸贸易实现了资金流、订单流与货物流分离。例如，境内企业承接境外订单，但货物不直接经过我国关境，而是直接从境外供应商交付给境外客户的一种贸易形式。该形式有利于进一步提升贸易便利度，减少或规避贸易摩擦，增强外贸灵活性、吸引力。

18. 智慧海关

智慧海关是指一国或者一个地区的海关，通过运用信息技术、网络技术、大数据、云计算、人工智能等新技术，使用智能硬件、自动化设备等新装备，大幅提升信息收集能力、风险研判能力、精准布控能力以及非侵入式查验能力，在海关监管过程中普遍实现数字化处理、网络化传输、自动化操作、智能化判别，监管效率得到大幅提升，能够更准确地预防和打击违法行为，保障合法货物无障碍进出境的一种高智能化形态。

【资料拓展】

《报告》提及的我国五个重要展会简介

1. 中国国际进口博览会（进博会）

举办地： 上海（国家会展中心）。

举办频率： 自 2018 年 11 月在上海持续举办，每年一届。

主要目的： 推动高水平对外开放，促进全球商品、技术和服务进入我国市场，支持经济全球化。

主要特点： 全球首个以进口为主题的国家级展会，涵盖货物贸易、服务贸易、技术合作等领域，设企业展、国家展和虹桥论坛。

2. 中国进出口商品交易会（广交会）

举办地： 广州（琶洲国际会展中心）。

举办频率： 自 1957 年延续至今（2020 年后增设线上展），每年分春、秋两届举办，通常春季为 4 月、秋季为 10 月。

主要目的： 促进我国对外贸易，搭建全球采购平台，助力我国企业"走出去"。

主要特点： 历史最悠久、规模最大的综合性国际贸易展会，被誉为"中国第一展"。线上线下融合模式，覆盖全产业链商品。早期以出口为导向，现发展为进出口双向交易平台。

3. 中国国际服务贸易交易会（服贸会）

举办地： 北京（国家会议中心及首钢园区）。

举办频率： 原"京交会"每两年一届（2012—2019），2020 年更名后调整为年度展会，每年一届，通常于 9 月在北京举办。

主要目的： 推动服务贸易国际合作，促进服务业开放与数字经济发展。

主要特点： 全球唯一覆盖服务贸易全领域的国家级展会，聚焦金融、教育、文旅等 12 大领域。突出数字化主题，设专题论坛和成果发布，如"数字人民币"试点展示。

4. 全球数字贸易博览会（数贸会）

举办地：杭州（国际博览中心）。

举办频率：首届于 2022 年 11 月举办，每年一届。

主要目的：推动数字贸易规则制定，展示数字技术应用，促进全球数字经济合作。

主要特点：我国首个以数字贸易为主题的国家级展会，突出"数字赋能、跨境互联"。聚焦跨境电商、人工智能、区块链等前沿领域，举办"数字自贸区"等议题论坛。

5. 中国国际消费品博览会（消博会）

举办地：海口（海南国际会展中心）。

举办频率：自 2021 年 5 月首届起持续举办（2024 年升级为全岛办展，分主分会场），每年一届。

主要目的：打造全球消费精品展示平台，促进国内消费升级与内外市场联通。

主要特点：聚焦高端消费品，吸引国际奢侈品牌与国内老字号同台展示。突出"免税政策"优势，推动海南自贸港与国际旅游消费中心建设。首创"展 + 销"模式，部分展品可现场免税购买。

我国经开区、综合保税区、自贸试验区情况简介

1. 经济技术开发区（经开区）

开始设立时间：1984 年（首批包括大连、秦皇岛等 14 个城市）。

主要目的：吸引外资和先进技术，推动产业集聚与工业化进程。服务区域经济发展，成为地方经济增长极。

主要特点：以制造业为核心，延伸至高新技术、现代服务业。提供税收优惠、土地支持等政策，打造优质营商环境。分级管理（国家级、省级），国家级经开区由国务院审批。

截至 2024 年底数量：国家级经开区共 232 个，省级开发区总数量达 2200 余个，地级行政区覆盖率超过 90%。

典型代表：根据商务部 2025 年 1 月公布的 2023 年度国家级经开区综合发展水平考核评价综合排名及外资、外贸排名情况，国家级经开区综合排名前 5 位的依次为苏州工业园区、广州经济技术开发区、北京经济技术开发区、天津经济技术开发

区、昆山经济技术开发区。

2. 综合保税区

开始设立时间：2006 年（由保税区、出口加工区等整合而来）。

主要目的：发展保税加工、物流和国际贸易，降低企业进出口成本。服务"双循环"战略，促进内外贸一体化。

主要特点：具备"境内关外"政策优势，实行"保税、免税、退税"等税收优惠。功能集成度高，支持跨境电商、保税维修等新业态。多布局在空港、海港等交通枢纽。

截至 2024 年底数量：全国共 167 个，覆盖 31 个省区市。

典型代表：北京中关村综合保税区（我国首个以"研发创新"为特色的综合保税区）、广州南沙综合保税区（聚集全品类的国际分拨中心、国际中转集拼中心、跨境电商枢纽基地）。

3. 自由贸易试验区（自贸试验区）

开始设立时间：2013 年。

主要目的：推进制度创新，打造改革开放"试验田"，探索可复制推广的经验。促进投资贸易便利化，推动金融开放、政府职能转变等改革。

主要特点：实施"负面清单"管理模式，放宽外资准入限制。聚焦金融创新、跨境服务、数字经济等领域（如海南自贸港"零关税"政策）。

截至 2024 年底数量：全国共 22 个，其中东部 10 个、中部 4 个、西部 6 个、东北 2 个，形成了覆盖东中西和东北地区，统筹沿海、内陆、沿边的自贸试验区"雁阵"。

典型代表：上海自贸试验区（全国首个）、海南自由贸易港（全域自贸试验区）。

共建"一带一路"

"一带一路"是"丝绸之路经济带"和"21 世纪海上丝绸之路"的简称。2013 年 9 月和 10 月，中华人民共和国主席习近平先后提出建设"丝绸之路经济带"和"21 世纪海上丝绸之路"的重大倡议，得到国际社会高度关注。共建"一带一路"核心内容以"五通"为支撑，即政策沟通、设施联通、贸易畅通、资金融通、民心相通，遵循共商共建共享原则，以高标准、可持续、惠民生为目标。截至 2024 年底，已有 150 多个国家和 30 多个国际组织加入共建"一带一路"，形成了覆盖全球的合作网络。倡议实施以来，不仅促进了沿线国家的基础设施建设和经济发展，还通过文化交流、民生项目提升了民众福祉，成为破解单边主义、推动经济全球化的重要实践。

中欧班列

中欧班列（CHINA RAILWAY Express，CR Express）是由中国国家铁路集团有限公司组织，按照固定车次、线路、班期和全程运行时刻开行，运行于我国与欧洲以及"一带一路"共建国家间的集装箱等铁路国际联运列车。

中欧班列自 2011 年 3 月 19 日开始运行，首列中欧班列由重庆开往德国杜伊斯堡，当时称作"渝新欧"国际铁路。2016 年 6 月 8 日，我国铁路正式启用"中欧班列"品牌，按照"六统一"（统一品牌标志、统一运输组织、统一全程价格、统一服务标准、统一经营团队、统一协调平台）的机制运行，集合各地力量，增强市场竞争力。

截至 2025 年 6 月 10 日，随着 75052 次中欧班列从青岛胶州站驶出，中欧班列累计开行突破 11 万列，货值超 4500 亿美元。中欧班列已通达欧洲 26 个国家 229 个城市，连接 11 个亚洲国家超过 100 个城市，成为深化我国与沿线国家经贸合作的重要载体和推进"一带一路"建设的重要抓手。

西部陆海新通道

西部陆海新通道位于我国西部地区腹地，北接丝绸之路经济带，南连 21 世纪海上丝绸之路，协同衔接长江经济带，在区域协调发展格局中具有重要战略地位。2019 年 8 月国家发展改革委印发《西部陆海新通道总体规划》，2021 年 8 月国家发展改革委进一步出台《"十四五"推进西部陆海新通道高质量建设实施方案》。

该通道利用铁路、公路、水运、航空等多种运输方式，由重庆向南经贵州等省份，通过广西北部湾等沿海沿边口岸，通达东盟主要物流节点；向北与中欧班列连接，利用兰渝铁路及西北地区主要物流节点，通达中亚、南亚、欧洲等区域。到 2022 年，西部陆海新通道已形成了"13+2"的合作共建机制，涉及沿线的重庆、广西、贵州、甘肃、青海、新疆、云南、宁夏、陕西、四川、内蒙古、西藏、海南 13 个省区市以及广东省湛江市、湖南省怀化市。据统计，

2024 年西部陆海新通道通达 127 个国家和地区的 555 个港口，运输货物种类从最初的 50 种增至 1160 余种，这条通道成为连接国内外的重要纽带，也促进了西部地区交通、物流、经济的融合。

中国—东盟自由贸易区（CAFTA）

中国—东盟自由贸易区（China–ASEAN Free Trade Area，CAFTA），是中国与东盟十国组建的自由贸易区。中国和东盟对话始于 1991 年，中国 1996 年成为东盟的全面对话伙伴国。中国—东盟自贸区于 2002 年 11 月签署《中国—东盟全面经济合作框架协议》启动建设，2010 年 1 月 1 日正式建立，是中国对外商谈的首个自贸区，也是发展中国家间最大的自贸区。目前，中国和东盟分别是世界第二和第五大经济体，人口总量约占全球 1/4。

中国—东盟自贸区 3.0 版谈判于 2022 年 11 月启动，2024 年 10 月实质性结束，2025 年 5 月 20 日全面完成。下一步，双方将积极推进各自国内签署批准程序，推动 2025 年底前正式签署中国—东盟自贸区 3.0 版升级议定书。

中国—东盟自贸区通过持续升级和制度型开放，以"零关税"为基础，叠加《区域全面经济伙伴关系协定》（RCEP）与新兴领域规则创新，推动贸易投资高质量增长，切实惠及 11 国 20 多亿人民，已成为亚太地区乃至世界上最具活力、最富成果的合作典范之一，为地区稳定与持久繁荣发挥了不可替代的重要作用。

海关总署数据显示，2024 年中国与东盟贸易总值达 6.99 万亿元，同比增长 9.0%，占中国外贸总值的 15.9%，高于同期中国外贸整体增速 4 个百分点。中国连续 16 年保持东盟第一大贸易伙伴地位，东盟连续 5 年是中国第一大贸易伙伴。

《数字经济伙伴关系协定》（DEPA）

《数字经济伙伴关系协定》（Digital Economy Partnership Agreement，DEPA）由新加坡、智利、新西兰 3 个国家于 2020 年 6 月 12 日线上签署，是旨在加强成员国之间数字贸易合作并建立相关规范的数字贸易协定，2024 年 5 月 3 日韩国正式加入。2021 年 11 月 1 日，中国正式提出申请加入 DEPA。

DEPA 主要作用：①推动数字贸易便利化，简化无纸化贸易、电子支付等流程，降低跨境交易成本；②促进数据自由流动，允许成员国间数据跨境流动，但需符合各国数据保护法规；③支持新兴技术合作，聚焦人工智能、金融科技等领域，建立技术标准与治理框架；④增强中小企业参与，通过数字包容性条款，帮助中小企业和弱势群体融入数字经济。

DEPA 包含 16 个模块，涵盖以下核心领域：①商业便利化，推行电子发票、无纸化贸易，减少行政壁垒；②数据治理，允许数据跨境流动，同时要求遵守个人信息保护法规；③数字信任环境，制定网络安全规则，推动数字身份互认；④新兴技术合作，探索人工智能伦理框架、金融科技合作等；⑤争端解决机制，设立透明化流程，避免成员国间数字贸易摩擦。

《全面与进步跨太平洋伙伴关系协定》（CPTPP）

《全面与进步跨太平洋伙伴关系协定》（Comprehensive and Progressive Agreement for Trans-Pacific Partnership，CPTPP）是亚太国家组成的自由贸易区，前身为 2015 年美国、日本及加拿大等 12 个国家达成的《跨太平洋伙伴关系协定》（TPP）。2017 年美国退出 TPP 后，剩余 11 国重新谈判将其改为现名，并于 2018 年 12 月 30 日生效。2024 年 12 月英国加入，成为首个欧洲成员国。目前参与国家包括日本、加拿大、澳大利亚、越南、马来西亚、新加坡、新西兰、墨西哥、秘鲁、智利、文莱、英国共 12 国。2021 年 9 月 16 日，中国正式提出申请加入 CPTPP。

CPTPP 主要作用：①降低贸易壁垒，成员国间取消 98% 的工业品和农产品关税，促进区域供应链整合；②推动高标准规则，涵盖投资、知识产权、国有企业改革等议题，设定劳工权益和环境保护标准；③增强战略影响力，助力成员国扩大亚太市场，对冲单边保护主义风险。

CPTPP 共 30 章，关键内容包括：①货物贸易，逐步取消关税，禁止出口补贴和限制性政策；②服务与投资，采用"负面清单"模式开放服务业，保障投资者权益（如国民待遇）；③国有企业规则，要求国企基于商业原则运营，禁止政府倾斜性补贴；④知识产权保护，强化版权、专利保护，打击盗版和仿冒行为；⑤环境与劳工条款，推动可持续渔业管理，禁止强迫劳动，鼓励绿色经济发展；⑥争端解决机制，设立独立仲裁程序，处理成员国间贸易纠纷。

【重要表述】

推动标志性改革举措加快落地，更好发挥经济体制改革牵引作用

切实依法保护民营企业和民营企业家合法权益，鼓励有条件的民营企业建立完善中国特色现代企业制度

政府要寓管理于服务之中，用服务的暖心增强企业的信心

纵深推进全国统一大市场建设

综合整治"内卷式"竞争

提升传统优势服务竞争力，鼓励服务出口，扩大优质服务进口

持续营造市场化、法治化、国际化一流营商环境

坚定维护以世界贸易组织为核心的多边贸易体制

【以题辅学】

题 6-1. 习近平总书记指出："实践发展永无止境，解放思想永无止境，改革开放也永无止境，改革开放只有进行时，没有完成时。"新时代中国特色社会主义事业的动力，还是在于改革开放。改革开放的鲜明特征和首要任务是（　）。【2024 年度"考研"政治之单选题】

A. 解放和发展社会生产力

B. 形成更加成熟、更加定型的制度

C. 处理好政府和市场的关系

D. 促进社会公平正义、增进人民福祉

题 6-2. 完善市场经济基础制度是构建高水平社会主义市场经济体制的重要内容。下列不属于完善市场经济基础制度内容的是（　）。【2025 年度"国考"行测之政治理论试题】

A. 完善财政转移支付体系

B. 完善市场信息披露制度

C. 完善市场准入制度

D. 完善产权制度

题 6-3. 习近平总书记强调，要引导民营企业和民营企业家正确理解党中央方针政策，增强信心、轻装上阵、大胆发展，实现民营经济健康发展、高质量发展。关于推动民营经济高质量发展，下列表述正确的是（　）。【2024 年度"国考"行测之常识判断有关试题】

①民营企业要践行新发展理念，转变发展方式、调整产业结构、转换增长动力，坚守主业、做强实业，自觉走高质量发展路子

②有能力、有条件的民营企业要加强自主创新，在推进科技自立自强和科技成果转化中发挥更大作用

③要激发民间资本投资活力，鼓励和吸引更多民间资本参与互联网融资和境外投资，为促进国际国内双循环作出更大贡献

④要依法规范和引导各类资本健康发展，有效防范化解系统性金融风险，为各类所有制企业创造公平竞争、竞相发展的环境

A. ①②④　　　　　　　　　B. ①③④

C. ①②③　　　　　　　　　D. ②③④

题 6-4. 民营经济是推动我国全面建成社会主义现代化强国的重要力量。截至 2024 年 9 月底，我国实有民营经济主体总量已达 1.8 亿户，占经营主体总量的 96.37%，70 余年间增长超 4 倍，民营经济迅速发展充分说明（　）。【2025 年度"考研"政治之多选题】

A. 非公有制经济发展的政策制度环境不断优化

B. 促进非公有制经济发展壮大的体制机制不断完善

C. 非公有制经济在国民经济中主导作用不断强化

D. 非公有制经济发展活力不断提升

题 6-5. 2023 年 9 月 25 日，国务院发布《国务院关于推进普惠金融高质量发展的实施意见》。该文件明确了未来五年推进普惠金融高质量发展的指导思想、基本原则和主要目标，提出了一系列政策举措。下列属于该文件提出的基本原则的有（　）项。【2024 年度"国考"行测之常识判断有关试题】

①坚持加强党的全面领导和党中央集中统一领导

②牢固树立以人民为中心的发展思想

③进一步明确各级政府责任，加强规划引导，加大政策、资源倾斜力度

④持续深化改革，破除机制障碍，强化科技赋能

⑤坚持底线思维，统筹发展和安全，加强和完善现代金融监管

A.2   B.3

C.4   D.5

题 6-6. 党的二十届三中全会提出，要稳步扩大制度型开放。关于稳步扩大制度型开放，下列举措不恰当的是（ ）。【2025 年度"国考"行测之政治理论试题】

A. 独立自主构建不同于国际经贸规则的中国特色经贸规则体系

B. 有序扩大我国商品市场、服务市场、资本市场、劳务市场等对外开放

C. 积极参与全球经济治理体系改革，提供更多全球公共产品

D. 扩大对最不发达国家单边开放

题 6-7. 开放是中国式现代化的鲜明标识，开放是高质量发展的必然选择，是实现中华民族伟大复兴的关键一招，中国坚定不移实施高水平对外开放。当前，我国构建更高水平开放型经济体制的重点是（ ）。【2025 年度"考研"政治之单选题】

A. 全局性开放   B. 要素型开放

C. 政策性开放   D. 制度型开放

题 6-8. 结合材料回答问题：【2025 年度"考研"政治之分析题】

材料 1

制度稳则国家稳，制度强则国家强。制度优势是一个政党、一个国家的最大优势。一个国家的现代化，不仅是经济、科技、国防等的现代化，更是制度和治理的现代化。党的十八大以来，以习近平同志为核心的党中央深刻把握改革规律，坚持以制度建设为主线，强化守正这个基础、抓牢创新这个关键，根据时与势不断完善和发展我国国家制度和国家治理体系，推动新时代全面深化改革取得重大制度成果，书写了"中国之制"新篇章。

——摘编自《光明日报》（2024 年 11 月 11 日）

材料 2

我们必须牢记高质量发展是新时代的硬道理，完整、准确、全面贯彻新发

展理念，把加快建设现代化经济体系、推进高水平科技自立自强、加快构建新发展格局、统筹推进深层次改革和高水平开放、统筹高质量发展和高水平安全等战略任务落实到位，完善推动高质量发展的考核评价体系，为推动高质量发展打牢基础。

全面深化改革开放，持续增强发展的内生动力和活力。要谋划进一步全面深化改革重大举措，为推动高质量发展、推进中国式现代化持续注入强劲动力。

——摘自习近平《开创我国高质量发展新局面》(《求是》2024 年第 12 期)

（1）如何理解"新时代全面深化改革取得重大制度成果，书写了'中国之制'新篇章"？（5 分）

（2）进一步全面深化改革为什么能够为推动高质量发展、推进中国式现代化持续注入强劲动力"？（5 分）

题 6-9. 试论为什么要以实绩实效和人民群众满意度检验改革。

参考答案：

题 **6-1. A**

题 **6-2. A**

题 **6-3. A**

题 **6-4. ABD**

题 **6-5. D**

题 **6-6. A**

题 **6-7. D**

题 6-8. 要点参考：

（1）党的十八大以来，以习近平同志为核心的党中央从全局和战略高度谋划推进全面深化改革。党的十八届三中全会对全面深化改革作出系统部署，明确了全面深化改革总目标是完善和发展中国特色社会主义制度、推进国家治理体系和治理能力现代化，开启了新时代全面深化改革、系统整体设计推进改革新征程。新时代全面深化改革取得历史性成就，各领域基础性制度框架基本建立，许多领域实现历史性变革、系统性重塑、整体性重构，进一步解放和发展了社会生产力，推动了生产关系和生产力、上层建筑和经济基础、国家治理和社会发展更好相适应，书写了"中国之制"新篇章。

（2）历史充分证明，改革开放是党和人民大踏步赶上时代的重要法宝，是坚持和发展中国特色社会主义的必由之路。高质量发展是全面建设社会主义现代化国家的首要任务。改革作为关键一招，不断为高质量发展注入新动力、激发新活力。党的二十届三中全会站在新的历史起点上，科学谋划进一步全面深化改革，既是党的十八届三中全会以来全面深化改革的实践续篇，也是新征程推进中国式现代化的时代新篇，必将为推进中国式现代化注入强大动力。

题 6-9. 要点参考：

以实绩实效和人民群众满意度检验改革，对于树立改革正确价值导向、为中国式现代化提供强大动力和制度保障具有重要意义。

第一，这是由中国共产党的性质和宗旨决定的。中国共产党作为长期执政的马克思主义政党，全心全意为人民服务是党一切行动的根本出发点和落脚点。党的一切工作，都以最广大人民根本利益为最高标准。因此，检验一切工作包括改革的成效，最终都要看人民是否真正得到了实惠，人民生活是否真正得到了改善，人民权益是否真正得到了保障。

第二，这体现了改革的根本目的。中国共产党始终坚守为人民谋幸福的初心，把人民对美好生活的向往作为奋斗目标。党团结带领人民进行革命、建设、改革，根本目的都是让人民过上好日子。必须把是否促进经济社会发展、是否给人民群众带来实实在在的获得感，作为改革成效的评价标准。

第三，这是实现中国式现代化的必然要求。党的二十大明确新时代新征程党的中心任务是以中国式现代化全面推进强国建设、民族复兴伟业。改革开放是决定中国式现代化成败的关键一招。党的二十届三中全会对进一步全面深化改革的系统部署，都紧紧围绕中国式现代化展开，目的是为推进中国式现代化持续注入强劲动力。

第四，这是新时代全面深化改革的重要经验。党的十八大以来，以习近平同志为核心的党中央以巨大政治勇气推进全面深化改革，推动许多领域实现历史性变革、系统性重塑、整体性重构。坚持问题导向，将解决实际问题作为制定改革方案的出发点，使改革精准对接发展所需、基层所盼、民心所向，并以抓铁有痕、踏石留印的劲头狠抓落实，确保改革落地见效，这是新时代全面深化改革的重要思想认识成果，必须继续坚持好、运用好。

（资料来源：根据《党的二十届三中全会〈决定〉学习辅导百问》中有关内容编写）

【学习问答】

问 6-1　怎样稳定对外贸易发展？

答：当前世界经济增长动能不足，单边主义、保护主义加剧，需要采取更有针对性的措施，既努力保持进出口规模基本稳定，又努力促进外贸结构优化、质量提升。

（一）支持企业稳订单拓市场。加大稳外贸政策力度，帮助外贸经营主体克服暂时困难、夯实发展根基。优化融资、结算、外汇等金融服务。引导金融机构在授信、放款、还款等方面持续改进对外贸企业的金融服务，进一步扩大出口信用保险承保规模和覆盖面，鼓励出口信保产品创新。持续完善跨境贸易人民币结算等基础性制度，扩大人民币跨境使用。积极为中小企业提供汇率避险服务，帮助企业制定衍生品方案。促进跨境电商发展。加强海外仓建设，支持智能化改造，落实好跨境电商出口海外仓"离境即退税、销售再核算"等政策。完善跨境寄递物流体系，推进海外智慧物流平台建设，提升供需对接效率。加强跨境电商知识产权保护等培训，提升企业合规经营能力。开拓多元化市场。强化企业境外参展办展支持，加强展会信息服务，举办海外专场推介活动。拓展境外经贸合作区功能，提升运营管理水平，加强与国内产业的协同联动发展。发展中间品贸易，加强中间品规则标准等国际合作，开展专业对接活动。高质量办好进博会、广交会、服贸会、数贸会、消博会等重大展会。

（二）支持内外贸一体化发展。针对国内外认证体系、质量标准、监管程序等差异，促进内外贸标准和检验认证衔接；加强内外贸市场渠道对接，支持企业加快品牌建设，培育内外贸融合展会平台，针对性打击侵权假冒、完善信用体系；更好发挥国内贸易信用保险的作用，加强对重点行业、重点区域、重点领域企业的内贸险服务，丰富内贸险产品和制度供给，优化企业投保内贸险费率机制，切实帮助有条件、有意愿的企业根据市场形势变化，在国内国际两个市场间无缝顺畅切换。

（三）推动服务贸易创新发展。把握国际服务贸易发展趋势，落实好服务贸易高质量发展政策，创新发展方式，推动服务进出口继续保持较快增长。提升传统优势服务竞争力。大力发展技术密集型服务贸易，拓展离岸服务外包业务，运用数字技术、人工智能等创新服务供给。促进中餐、中医、中国武术等传统文化出口。鼓励服务出口。发挥服务贸易创新发展引导基金等作用，创新支持方式，鼓励金融机构推出适应服务贸易特点的金融服务，落实好服务出口税收政策。扩大优质服务进口。修订鼓励服务进口目录，扩大国内急需的生产性服务进口，推动优质生活性服务进口。建立健全跨境服务贸易负面清单管理制度。及时调整与负面清单不符的法规规章、规范性文件，加强重点行业监管，做到对境内外服务提供者一视同仁。

（四）培育壮大外贸发展新动能。在保持进出口稳定发展的同时，把握新机遇、培育外贸发展新优势。培育绿色贸易、数字贸易等新增长点。研究建立健全绿色贸易支撑保障体系，加强第三方碳服务机构与外贸企业对接，积极拓展绿色低碳相关产品进出口。完善数字贸易支持政策，加快制订数字贸易领域行业标准，抓好数字贸易平台载体建设，建立健全数字贸易统计监测体系，培育壮大经营主体。支持有条件的地方发展新型离岸贸易。强化部门协同，推进试点任务，创新监管模式，鼓励金融机构探索优化业务真实性审核方式，促进离岸贸易健康发展。积极发展边境贸易。持续推动边境贸易创新发展，进一步优化边民互市贸易多元化发展的政策环境，支持互市贸易进口商品落地加工等业态发展。

（五）推进智慧海关建设与合作。当前智慧海关建设已进入全面实施阶段，下一步将以标志性工程为依托，完善数字化和智能化基础设施，扩大智能装备设施在检验检疫、旅客通关等领域的应用，推动成熟项目和功能在更多业务现场加快落地，实现在线实时监测和智能研判处置。同时，加快建设智慧海关在线合作平台和金砖国家海关示范中心，推进智慧海关多双边合作。

第七章 有效防范化解重点领域风险

【报告摘录】

有效防范化解重点领域风险，牢牢守住不发生系统性风险底线。更好统筹发展和安全，坚持在发展中逐步化解风险，努力实现高质量发展和高水平安全的良性互动。

持续用力推动房地产市场止跌回稳。因城施策调减限制性措施，加力实施城中村和危旧房改造，充分释放刚性和改善性住房需求潜力。优化城市空间结构和土地利用方式，合理控制新增房地产用地供应。盘活存量用地和商办用房，推进收购存量商品房，在收购主体、价格和用途方面给予城市政府更大自主权。拓宽保障性住房再贷款使用范围。发挥房地产融资协调机制作用，继续做好保交房工作，有效防范房企债务违约风险。有序搭建相关基础性制度，加快构建房地产发展新模式。适应人民群众高品质居住需要，完善标准规范，推动建设安全、舒适、绿色、智慧的"好房子"。

稳妥化解地方政府债务风险。坚持在发展中化债、在化债中发展，完善和落实一揽子化债方案，优化考核和管控措施，动态调整债务高风险地区名单，支持打开新的投资空间。按照科学分类、精准置换的原则，做好地方政府隐性债务置换工作。完善政府债务管理制度，坚决遏制违规举债冲动。加快剥离地方融资平台政府融资功能，推动市场化转型和债务风险化解。

积极防范金融领域风险。按照市场化、法治化原则，一体推进地方中小金融机构风险处置和转型发展，综合采取补充资本金、兼并重组、市场退出等方式分类化解风险。完善中小金融机构功能定位和治理机制，推动实现差异化、内涵式发展。健全金融监管体系，加强跨部门合作，强化央地监管协同，保持对非法金融活动的高压严打态势。充实存款保险基金、金融稳定保障基金等化险资源。完善应对外部风险冲击预案，有效维护金融安全稳定。

【名词浅释】

1. "好房子"

不同人对"好房子"会有不同的具体感受，但归纳起来，从功能、质量、体验等方面出发，以提升居民居住品质和幸福感为导向，应当具有四个基本特征：安全、舒适、绿色、智慧。"安全"，就是房屋本体要安全，设施设备使用要安全，居民在家能够得到保护，让居民住得安心放心。"舒适"，就是房间高度、温度、湿度、净度、亮度等适合人的栖居，通俗地讲，就是"好房子"要层高高一点，通风采光好一些，室内空气洁净、温度适宜，隔音性能强一些等，让居民住得健康舒适。"绿色"，就是房子生产、建造、使用全过程符合绿色低碳要求，形成绿色建造方式和生活方式。"智慧"，就是通过全屋智能建设，实现房屋设备智能控制、温度湿度智能调节、工作生活智能链接等，让居家生活拥有"智能管家"。"好房子"的内涵还将在实践中不断丰富和发展。

2. 存款保险基金

存款保险基金是存款保险制度的重要组成部分，其资金主要来源于投保机构缴纳的保费。当投保机构因经营失败等原因无法偿付被保险存款时，存款保险基金管理机构依照《存款保险条例》的规定，使用存款保险基金向存款人偿付被保险存款。

【重要表述】

牢牢守住不发生系统性风险底线

更好统筹发展和安全，坚持在发展中逐步化解风险，努力实现高质量发展和高水平安全的良性互动

持续用力推动房地产市场止跌回稳

推动建设安全、舒适、绿色、智慧的"好房子"

【学习问答】

问 7-1　如何持续用力推动房地产市场止跌回稳？

答： 房地产一头连着经济，一头连着民生，维护房地产市场稳定对于经济社会大局稳定至关重要。2024 年以来，党中央、国务院部署了一系列政策措施，维护房地产市场稳定，取得积极成效。2025 年，需要进一步采取新的更大力度措施，强化多方面政策组合，促进房地产市场止跌回稳。

（一）充分释放刚性和改善性住房需求潜力。总体看，我国房地产市场健康发展仍然有比较大的空间，潜在购房需求，特别是代际分居和改善性住房需求还有很大潜力，关键是要调整完善相关机制，把这些潜在购房需求充分释放出来。

因城施策调减限制性措施。随着我国房地产市场发展进入新的阶段，有必要进一步调减相关限制性措施。目前少数几个重点城市还有限制性措施，要根据城市房地产市场形势变化，适时适度调减相关需求限制性措施，更好满足群众合理购房需求。

加力实施城中村和危旧房改造。城中村和危旧房居住条件差、人口密集度高，及时实施改造，既是提高城市建设和安全水平的重要措施，也能够促进释放这些居民的住房需求。2024 年 9 月，相关部门制定了新增 100 万套城中村改造和危旧房改造的计划。要加快推进落实，并在此基础上，继续扩大规模，进一步促进城市居民潜在住房需求的释放。

（二）合理控制新增房地产用地供应。土地供应是住房供应的基础，控制住房供应首先是控制土地供应，这就需要在规划和土地供给两方面下功夫。要严格落实节约用地制度，促进城市发展用地从增量依赖向存量挖潜转变，避免城市"摊大饼"式发展。结合市场形势，适当控制新增住房用地供应规模和节奏，有的住房用地应合理改变用途和性质，提高土地利用效率。

（三）盘活存量用地和商办用房，推进收购存量商品房。此前，相关部门出台了使用地方政府专项债、保障性住房再贷款等政策工具收购存量土地和商品房的政策，2025 年将进一步细化完善操作细则，充分用好用足这些政策措施。在收购主体、价格和用途方面给予城市政府更大自主权，充分发挥地方政府的积极性主动性，支持各地根据实际情况，因地制宜，采用合理方式推进存量土地和住房收购，加快推动去库存。

（四）继续做好保交房工作，有效防范房企债务违约风险。继续发挥房地产融资协调机制作用，优化"白名单"项目融资机制，按照"应进尽进、应贷尽贷、能早尽早"的原则，将符合标准条件的商品房开发项目全部纳入"白名单"管理，给予必要融资支持。在支持在建房地产项目融资的同时，对于合规经营的房地产企业总部，也要通过贷款、债券、股权等渠道，努力满足其合理融资需求，防止其因暂时的资金困难发生债务违约、进而引发市场连锁反应。

（五）加快构建房地产发展新模式。随着我国房地产发展进入新的阶段，过去一些制度机制已经不再适应发展需要，亟需实施改革。要适应新型城镇化和房地产市场发展趋势，加快建立健全相关基础性制度。要着力优化和完善住房供应体系，推动建立要素联动新机制，以人定房、以房定地、以房定钱，大力推进商品住房销售制度改革，有力有序推行现房销售，加快建立房屋全生命周期安全管理制度，完善房地产全过程监管，整治房地产市场秩序。

（六）推动建设安全、舒适、绿色、智慧的"好房子"。我国商品房市场高速发展已有 30 多年，目前城市居民人均住房面积已经超过 40 平方米，群众对住房的需求正在从"有没有"向"好不好"转变，对住房品质的要求也正在提高，对安全、舒适、绿色、智慧等方面的要求更加突出，这也是未来建筑行业和房地产行业应当努力的方向。要通过提升建筑标准，引导市场提升住房品质，更好满足人民群众对"好房子"的需求。

问 7-2 稳妥化解地方政府债务风险有哪些举措？

答：我国政府负债率显著低于主要经济体和新兴市场国家，风险总体可控。但面临当前复杂严峻的外部局势和诸多困难挑战，一些债务压力较大的地区，仍需要进一步加大风险化解力度，实现在发展中化债、在化债中发展，促进地方经济平稳健康运行。

（一）完善和落实一揽子化债方案。一揽子化债方案实施以来，地方债务风险得到了有效遏制。下一步要在总结此前化债经验的基础上，调整完善各地区化债方案，更好推动化债工作的落实落地。

一方面，优化考核和管控措施。根据各地实际，进一步细化完善化债考核指标体系，更加全面科学地评价实际债务风险水平，更加精准地体现化解债务风险的要求，发挥好考核的导向作用。在管控措施上，要分类分层进行优化，既要有约束力，又不能管得过死，防止"一刀切"问题，要给地方留下发展空间。

另一方面，动态调整债务高风险地区名单。这两年，不少地区在债务风险化解上取得了显著进展，风险水平大幅降低，已经脱离了高风险区间。应当及时完善高风险地区界定标准及退出条件，建立动态调整机制，让化债取得进步、符合退出条件的地区及时退出高风险地区名单，并调减或解除相应的管控措施，通过强化正向激励，提升地方化债积极性。

（二）做好地方政府隐性债务置换工作。去年四季度，按照党中央部署，经全国人大常委会批准，中央一次性增加6万亿元地方政府债务限额，支持地方化解债务风险。政策实施以来，地方还本付息的压力大幅度减轻。下一步，还需要继续推进隐性债务置换。

持续加大对地方的指导力度，推动扎实落实置换工作要求。指导用好用足中央支持政策，及时研究解决地方在化债过程中出现的新情况、新问题，推广地方化债典型经验做法，让各个地方相互借鉴，推动加快化解存量隐性债务。

加强债券资金全流程、全链条监管，确保合规使用。指导地方建立存量隐性债务置换台账，完整、准确登记债券的发行、使用、还本付息情况，确保所有资金实行专户管理、专账核算、封闭运行。

坚定不移严防新增隐性债务，推动隐性债务清理。持续保持"零容忍"的高压监管态势，发挥部门协同监管合力，对违法违规举债和虚假化解隐性债务等问题严肃处理。坚决阻断地方违法违规举债途径，促进可持续发展。

（三）完善政府债务管理制度。从根本上防范化解地方政府债务风险，还要依靠长效机制建设，通过制度来规范地方举债行为。下一步政府债务管理制度建设，重点要体现三个方面要求。

一是监测口径更全。建立健全信息共享和监管协同机制，全口径监测地方政府承担偿还责任的债务情况，动态分析、及时预警、防范风险。

二是预算约束更强。将不新增隐性债务作为"铁的纪律"，持续加强预算管理，督促地方依法合规建设政府投资项目，坚决堵住地方违法违规举债的途径。

三是监管问责更严。强化新增隐性债务的防控，把各类举债行为均纳入监管，及时发现违规举债新手段、新变种，推动监管从事后"救火补漏"向事前"防患于未然"延伸，严格落实地方政府违规举债问责制。

（四）推动政府融资平台市场化转型。对实际承担政府融资和公益性项目建设运营职能的融资平台公司，可以通过兼并重组等方式整合归并其同类业务，剥离其政府融资职能后，转型为市场化运作的企业。对承担一定政府融资职能的其他国有企业，促其回归主业。明确取消其政府融资职能，严禁再为政府借新债。过去为政府借的存量债务，应与企业自身经营性债务明确分开，通过适当方式妥善处置。对只承担政府融资任务且主要依靠财政资金偿还债务的"空壳类"融资平台公司，可厘清并妥善处置债务问题后，按照法定程序予以撤销。

问 7-3　如何积极防范金融领域风险？

答：防范金融领域风险，既要扎实处置化解金融体系自身的突出风险，也要防范其他领域风险向金融体系传染。

（一）一体推进地方中小金融机构风险处置和转型发展。按照市场化、法治化原则，根据每家机构实际情况，分类推进剩余高风险中小金融机构的风险处置。对于具备可持续经营能力、目前只是暂时遇困的机构，主要通过补充资本的方式实施"在线修复"，促进其尽快恢复正常经营。对于依靠自身能力难以修复的机构，可以通过将多家机构打包重组，或由大中型金融机构收购的方式，吸收消化高风险机构。对于已经失去可持续经营能力，不具备救助价值的机构，在保障金融消费者合法权益的基础上，依法有序实施市场退出。中小金融机构风险的产生，从根本上看，还是由于自身治理和管理存在不足。要推动中小金融机构加快建立健全公司治理机制，提升风险内控能力。同时，坚持立足本地、坚守主业，找准自身定位，实现与其他金融机构的错位竞争和差异化发展。

（二）保持对非法金融活动的高压严打态势。从历史经验看，在一些地区发展困难增多、经济下行压力加大的时候，往往是非法金融活动抬头的时候。特别是现在科技发展日新月异，新的商业模式层出不穷，也给非法金融活动花样翻新带来了便利。当前，非法金融活动的隐蔽性、跨界性、危害性都在增强，一些非法机构和个人利用一些新噱头和监管模糊地带，短期内就可以吸收大量资金，并快速实施转移，给监测打击带来很大难度。在新形势下打击非法金融活动，关键是贯彻落实中央金融工作会议精神，坚持全国一盘棋，健全金融监管体系，加强跨部门合作，强化央地监管协同，形成广覆盖的监测监管网络。充分调动地方各部门的积极性，延伸监测触角，及时发现非法金融活动踪迹，把风险苗头扼杀在摇篮中。同时，发挥中央金融管理部门的统筹协调和监管兜底作用，实现把所有金融活动都纳入监管范围，不留监管空白地带，加强对跨区域、跨领域非法金融活动的协同打击。

（三）充实存款保险基金、金融稳定保障基金等化险资源。对冲风险、稳定市场，"花钱"也是必要的，有时候为了避免风险蔓延扩散后付出更大代价，还需要动用公共资源。目前，我们已经建立了多层次的风险处置化解力量，包括存款保险基金、保险保障基金、信托业保障基金、金融稳定保障基金等，它们的作用和定位各不相同。要加快相关保障基金的资金补充，充实存款保险基金等行业保障基金，完善金融稳定保障基金资金筹集和使用机制，壮大各类化险资源，确保在风险扩大前及时处置化解，以最小代价阻断风险传播，确保金融安全稳定。

（四）有效应对防范外部风险冲击。随着我国金融开放的深入，外部环境变化带来的风险也在增多。地缘政治、外部打压、国际金融市场波动，都容易对我国金融体系稳定产生冲击。特别是当前外部不确定性上升、潜在风险因素增多，更要未雨绸缪做好风险应对准备。要分情景制定风险应对预案，明确责任划分、指挥链条和分工协作机制，确保能够及时有效响应，确保在风险蔓延扩散前及时处置化解、阻断风险传播，有效维护金融安全稳定。

第八章 推进城乡融合和区域协调发展

【报告摘录】

着力抓好"三农"工作，深入推进乡村全面振兴。坚持农业农村优先发展，学习运用"千万工程"经验，完善强农惠农富农支持制度，千方百计推动农业增效益、农村增活力、农民增收入。

持续增强粮食等重要农产品稳产保供能力。稳定粮食播种面积，主攻单产和品质提升。巩固大豆扩种成果，开发挖掘油料扩产潜力。推动棉糖胶等稳产提质。扶持畜牧业、渔业稳定发展，支持发展现代设施农业，全方位开发食物资源。严守耕地红线，严格占补平衡管理。高质量推进高标准农田建设、管护、利用，加强农田水利设施和现代化灌区建设，推进退化耕地治理和撂荒地复垦。深入实施种业振兴行动。加快先进适用农机装备研发应用和农业科技成果大面积推广。综合施策推动粮食等重要农产品价格保持在合理水平。启动中央统筹下的粮食产销区省际横向利益补偿，加大对产粮大县支持，保护种粮农民和粮食主产区积极性。各地区都要扛稳保障国家粮食安全责任，共同把饭碗端得更牢。

毫不松懈巩固拓展脱贫攻坚成果。提高监测帮扶效能，持续巩固提升"三保障"和饮水安全成果，确保不发生规模性返贫致贫。加强易地搬迁后续扶持，分类推进帮扶产业提质增效，加大就业帮扶力度，扩大以工代赈规模。深化东西部协作、定点帮扶、消费帮扶。健全脱贫攻坚国家投入形成资产的长效管理机制。统筹建立农村防止返贫致贫机制和低收入人口、欠发达地区分层分类帮扶制度，开展巩固拓展脱贫攻坚成果同乡村振兴有效衔接总体评估，完善过渡期后帮扶政策体系。

扎实推进农村改革发展。巩固和完善农村基本经营制度，有序推进第二轮土地承包到期后再延长30年试点，扩大整省试点范围。完善承包地经营权流转价格形成机制，提高农业社会化服务质效。支持发展新型农村集体经济。创新乡村振兴投融资机制。壮大乡村人才队伍。深化集体林权、农垦、供销社、农业水价等改革。因地制宜推动兴业、强县、富民一体发展，做好"土特产"文章，发展林下经济，促进乡村特色产业延链增效、联农带农，拓宽农民增收渠道。加强文明乡风建设，丰富农民文化生活，推进农村移风易俗。持续改善农村基础设施、公共服务和人居环境，建设宜居宜业和美乡村。

推进新型城镇化和区域协调发展，进一步优化发展空间格局。完善实施区域协调发展战略机制，坚持以人为本提高城镇化质量水平，构建优势互补的区域经济布局和国土空间体系。

深入实施新型城镇化战略行动。科学有序推进农业转移人口市民化，全面推进常住地提供基本公共服务，强化随迁子女义务教育保障，推动将符合条件的农业转移人口纳入住房保障体系，畅通参加社会保险渠道。加快补齐县城基础设施和公共服务短板，大力发展县域经济，提高城乡规划、建设、治理融合水平。发展现代化都市圈、优化空间格局，提升超大特大城市现代化治理水平，促进大中小城市和小城镇协调发展。持续推进城市更新和城镇老旧小区改造，统筹城市低效用地再开发，加快健全城市防洪排涝体系，加强燃气、给排水、热力、地下管廊等建设和协同管理。发展数字化、智能化基础设施，完善无障碍适老化配套设施，提升社区综合服务功能，打造宜居、韧性、智慧城市。

加大区域战略实施力度。发挥区域协调发展战略、区域重大战略、主体功能区战略的叠加效应，积极培育新的增长极。深入实施西部大开发、东北全面振兴、中部地区加快崛起、东部地区加快推进现代化等战略。提升京津冀、长三角、粤港澳大湾区等经济发展优势区域的创新能力和辐射带动作用。深入推动长江经济带建设、黄河流域生态保护和高质量发展。支持经济大省挑大梁，在要素保障、科技创新、改革开放先行先试等方面制定支持政策。鼓励其他地区因地制宜、各展所长。高标准高质量推进雄安新区建设。推动成渝地区双城经济圈建设走深走实。深化东、中、西、东北地区产业协作，推动产业有序梯度转移。支持革命老区、民族地区加快发展，加强边疆地区建设，推进兴边富民、稳边固边。积极探索资源型地区转型发展新路径。大力发展海洋经济，建设全国海洋经济发展示范区。

【名词浅释】

1."三农"

"三农"是对农业、农村、农民的统称。

关注重点： 农业现代化，推动科技赋能、规模化经营等，保障粮食安全；农村现代化，改善基础设施、公共服务和人居环境等；农民增收，通过产业扶持、就业转移和土地制度改革等提高农民收入。

重要地位： 2003年1月，中央农村工作会议提出要把解决好农业、农村和农民问题作为全党工作的重中之重，并且首次正式公开使用了"三农"概念。2004年到2025年，中共中央连续22年以"三农"为核心主题发布中央一号文件。

2. 现代设施农业

现代设施农业是利用现代信息技术、生物技术、工程装备技术与现代经营管理方式，为动植物生长提供相对可控的环境条件，在一定程度上摆脱自然依赖进行高效生产的农业类型，涵盖设施种植、设施畜牧、设施渔业和提供支撑服务的公共设施等。

设施种植业： 包括日光温室、连栋温室和植物工厂以及不改变耕地地类的拱棚、塑料大棚等。

设施畜牧业： 包括集约化工厂化设施畜禽养殖场等。

设施渔业： 包括标准化池塘、工厂化循环水和深远海养殖渔场、沿海渔港等。

公共服务设施： 包括产前的集约化育苗、产后的冷藏保鲜、冷链物流和仓储烘干等。

3. 耕地红线

耕地红线指国家为确保粮食安全划定的耕地保有量最低限值，我国现行耕地红线为18亿亩。

刚性约束： 禁止非农建设随意占用耕地。

动态监测： 卫星遥感、实地核查。

4. 占补平衡

占补平衡是指《中华人民共和国土地管理法》规定的国家实行占用耕地补偿制度，非农建设经批准占用耕地要按照"占多少，补多少"的原则，补充数量和质量相当的耕地。这项制度是坚守 18 亿亩耕地红线的重要举措。

主要举措：土地整治是补充耕地的主要渠道。耕地占补平衡制度的落实，主要通过土地整治工程的实施，因地制宜，采取耕作层剥离和移土培肥技术，对田、水、路、林、村进行综合治理等多种方式，使新补充与被占用的耕地数量质量相匹配。

实施要求：数量平衡，占用 1 亩需补充 1 亩；质量平衡，新补充耕地产能不低于被占耕地。对于确因自然条件无法达到被占用耕地质量的，实行数量质量按等级折算，通过增加一定的面积，达到占补耕地的产能综合平衡。

5. 高标准农田

高标准农田是指土地平整、集中连片、设施完善、农田配套、土壤肥沃、生态良好、抗灾能力强，与现代农业生产和经营方式相适应的旱涝保收、高产稳产的耕地。

规划目标：2025 年 3 月 30 日，中共中央办公厅、国务院办公厅印发的《逐步把永久基本农田建成高标准农田实施方案》公布，提出的主要目标是：到 2030 年，力争累计建成高标准农田 13.5 亿亩，累计改造提升 2.8 亿亩，统筹规划、同步实施高效节水灌溉，新增高效节水灌溉面积 8000 万亩；到 2035 年，力争将具备条件的永久基本农田全部建成高标准农田，累计改造提升 4.55 亿亩，新增高效节水灌溉面积 1.3 亿亩。

6. "三保障"

"三保障"是我国脱贫攻坚和乡村振兴中的重要政策，指义务教育、基本医疗、住房安全有保障。

教育：免除贫困生学杂费，提供营养餐补助等。

医疗：新农合参保率 100%，大病保险全覆盖等。

住房：农村危房改造补助（C/D 级危房重建或修缮）等。

7. 农村基本经营制度

农村基本经营制度是以家庭承包经营为基础、统分结合的双层经营体制，为我国农村改革的基石。

土地承包期：自家庭联产承包责任制实施以来，我国农村土地制度历经两轮承包。第一轮承包到期后延长 30 年，形成第二轮承包期，2030 年前将陆续到期。党的十九大提出，保持土地承包关系稳定并长久不变，第二轮土地承包到期后再延长 30 年。

统分结合： 集体统一提供水利、农机等公共服务，农户自主经营。

8. 林下经济

林下经济是指以生态保护为前提，依托森林、林木和林地资源，通过林下种植、养殖、采集加工、景观利用等多样化手段，实现林业资源高效利用、农民增收、生态保护与产业协调发展的可持续经营模式。

典型模式： 林药，种植人参、天麻等中药材；林菌，培育香菇、木耳等；林禽，散养土鸡等。

经济效益： 2024 年，我国林下经济利用林地面积 4000 万公顷，年产值约 1 万亿元。

9. 地下管廊

地下管廊是建于城市地下的综合隧道，集中铺设电力、通信、燃气、给排水等公共设施管线。

作用： 将公共设施管线纳入管廊，既避免了由于埋设或维修管线而导致"马路拉链"反复开挖，同时由于管线不接触土壤和地下水，因此避免了土壤对管线的腐蚀，延长了管线的使用寿命。

10. 适老化

适老化是通过改造物理环境和服务体系，适应老年人身体机能衰退需求的系统性设计。

典型应用： 居家改造，加装扶手、防滑地砖、智能跌倒监测设备等；公共设施，公交低地板设计、医院无障碍通道等。

11. 海洋经济

海洋经济是开发利用海洋的各类产业及相关经济活动的总和，主要包括海洋渔业、海洋交通运输业、海洋船舶工业、海盐业、海洋油气业、滨海旅游业等。

我国重点领域举例： 蓝色粮仓，发展深海养殖。如 2022 年 5 月 20 日，"国信 1 号"在中国船舶集团青岛北海造船有限公司交付运营，这是全球首艘 10 万吨级智慧渔业大型养殖工船，标志着我国深远海大型养殖工船产业实现了由 0 到 1 的进阶发展；清洁能源，发展海上风电。截至 2024 年 12 月，我国海上风电累计并网装机容量达 45.3GW，居全球第一，占到全球市场份额的 53%。

【资料拓展】

"千万工程"

"千万工程"是习近平总书记 2003 年在浙江工作期间亲自谋划、亲自部署、亲自推动的一项重大决策：从全省近 4 万个村庄中选择 1 万个左右的行政村进行全面整治，把其中 1000 个左右的中心村建成全面小康示范村。"千村示范、万村整治"应运而生，简称"千万工程"。这些年来，"千万工程"久久为功、扎实推进，先后经历了示范引领、整体推进、深化提升、转型升级等四个阶段，实现了从"千村示范、万村整治"向"千村精品、万村美丽"，再向"千村未来、万村共富"的迭代升级，造就浙江万千美丽乡村，造福万千农民群众，成效显著、影响深远。2018 年 9 月，"千万工程"被联合国环境规划署授予最高环保荣誉——"地球卫士奖"。

（资料来源：根据中共浙江省委发表于《求是》2023 年第 12 期文章《在深入践行"千万工程"上走前列作示范》等整理）

以工代赈

以工代赈，简而言之就是"以务工代替赈济"，是指国家以实物折款或现金形式投入受赈济地区实施基础设施建设，让受赈济地区的困难群众参加劳动并获得报酬，从而取代直接赈济的一种扶持模式。以工代赈的思想和实践可追溯至中国古代先秦时期。每逢灾荒，当政者会组织灾民修建水利等公共工程，既缓解饥荒危机，又推动基础设施建设。该模式在宋代得到进一步发展和应用，清代更加成熟。在现代，以工代赈仍然是一种重要的扶持手段。

按照 2023 年 3 月 1 日起施行的《国家以工代赈管理办法》规定，以工代赈是指政府投资建设基础设施工程，受赈济者参加工程建设获得劳务报酬，以此取代直接赈济的一项扶持政策。现阶段，以工代赈主要包括使用以工代赈专项资金实施以工代赈项目、在农业农村基础设施建设领域中推广以工代赈方式、在政府投资的重点工程项目中实施以工代赈等，主要目的是向参与工程建设的群众发放劳务报酬、开展技能培训，促进其就地就近就业增收。

县域经济

县域涵盖城镇与乡村，是承上启下、沟通条块、连接城乡的枢纽，是我国经济发展和社会治理的基本单元。有关数据显示，县域覆盖全国国土总面积的93%，拥有我国84%的世界自然遗产、77%的国家风景名胜区、68%的国家森林公园。县域经济是以县城为中心、乡镇为纽带、农村为腹地的行政区划型经济，发挥"以工补农、以城带乡"的桥梁作用。

表 8-1　我国县级行政区划和县域数量（单位：个）

	2000 年	2005 年	2010 年	2015 年	2020 年	2022 年
县级区划	2861	2862	2856	2854	2844	2843
县域	2074	2010	2003	1933	1871	1866
市辖区	787	852	853	921	973	977
县级市	400	374	370	361	388	394
县	1503	1464	1461	1397	1312	1301
自治县	116	117	117	117	117	117
旗、自治旗	52	52	52	52	52	52
林区、特区	3	3	3	2	2	2

注：各年份数据截至当年 12 月 31 日。

数据来源：根据民政部发布的历年中华人民共和国行政区划统计表整理，最新年份为 2022 年。

宜居、韧性、智慧城市

1. 宜居城市

指通过优化生活环境、提升公共服务水平，满足居民对高质量生活需求的城市，关键指标包括空气质量、治安水平、基础设施便利性等。

基本内涵：以人为核心，注重生活品质与幸福感，包括环境美化、公共服务（如教育、医疗）完善、社会包容性等。

2. 韧性城市

强调城市在灾害或突发危机中快速恢复和适应的能力，涵盖抵御灾害、降低损失及维持基本功能运转的综合性目标。

基本内涵： 从被动应急转向主动预防，覆盖经济、生态、社会、组织等维度。业内认为韧性城市具有五大特性（R&A），包括鲁棒性（Robustness，主要体现为抗灾能力）、可恢复性（Rapidity，主要体现为快速修复能力）、冗余性（Redundancy，主要体现为备用系统水平）、智慧性（Resourcefulness，主要体现为科学调度水平）、适应性（Adaptability，主要体现为动态优化能力）。

3. 智慧城市

基于数字技术构建智能化管理与服务体系，通过物联网、大数据、人工智能等技术提升城市运行效率与居民生活质量。

基本内涵： 通过数字化技术实现城市治理精细化，典型应用包括数字孪生（虚拟建模优化决策）、智能监测（如燃气、供水实时预警）及"一网统管"服务模式。

4. 宜居、韧性、智慧城市未来发展趋势

宜居、韧性、智慧三者在城市建设中具有协同性，能够互为支撑。在国家政策推动下，城市更新将深度融合数字化与可持续发展理念，例如2025年计划再建设改造15万公里以上地下管线、推进海绵城市与绿色基建，将促进实现"宜居有温度、韧性有保障、智慧有效率"的目标。

区域协调发展战略、区域重大战略、主体功能区战略

1. 区域协调发展战略

区域协调发展战略是我国为缩小区域发展差距、优化资源配置、推动东中西部和东北地区及城乡协同发展而制定的国家级战略，旨在构建高质量发展的国土空间布局，主要包括西部大开发、东北全面振兴、中部地区加快崛起、东部地区加快推进现代化等。

2. 区域重大战略

党的十八大以来，习近平总书记亲自谋划、亲自部署、亲自推动了京津冀

协同发展、长江经济带发展、粤港澳大湾区建设、长三角一体化发展、黄河流域生态保护和高质量发展等一系列区域重大战略。

3. 主体功能区战略

按照《全国主体功能区规划》的表述，推进形成主体功能区，就是要根据不同区域的资源环境承载能力、现有开发强度和发展潜力，统筹谋划人口分布、经济布局、国土利用和城镇化格局，确定不同区域的主体功能，并据此明确开发方向，完善开发政策，控制开发强度，规范开发秩序，逐步形成人口、经济、资源环境相协调的国土空间开发格局。

我国国土空间主体功能区分类：按开发方式的不同，可分为优化开发区域、重点开发区域、限制开发区域和禁止开发区域四类。优化开发区域是经济比较发达、人口比较密集、开发强度较高、资源环境问题突出，应该进行优化开发的城市化地区。重点开发区域是有一定经济基础、资源环境承载能力较强、发展潜力较大、集聚人口和经济的条件较好，应该进行重点开发的城市化地区。限制开发区域包括农产品主产区和重点生态功能区两类，是应当限制大规模、高强度工业化城市化开发的地区。禁止开发区域是依法设立的各级各类自然文化资源保护区域，以及其他需要特殊保护、禁止进行工业化城市化开发的重点生态功能区。按开发内容的不同，又可分为城市化地区、农产品主产区和重点生态功能区三类。

【重要表述】

千方百计推动农业增效益、农村增活力、农民增收入

毫不松懈巩固拓展脱贫攻坚成果

科学有序推进农业转移人口市民化，全面推进常住地提供基本公共服务，强化随迁子女义务教育保障，推动将符合条件的农业转移人口纳入住房保障体系，畅通参加社会保险渠道

发展现代化都市圈、优化空间格局，提升超大特大城市现代化治理水平，促进大中小城市和小城镇协调发展

发展数字化、智能化基础设施，完善无障碍适老化配套设施，提升社区综合服务功能，打造宜居、韧性、智慧城市

深入实施西部大开发、东北全面振兴、中部地区加快崛起、东部地区加快推进现代化等战略

支持经济大省挑大梁，在要素保障、科技创新、改革开放先行先试等方面制定支持政策

深化东、中、西、东北地区产业协作，推动产业有序梯度转移

【以题辅学】

题8-1. 习近平总书记强调，要"树立大农业观、大食物观，向耕地草原森林海洋、向植物动物微生物要热量、要蛋白，全方位多途径开发食物资源"，"既向陆地要食物，也向海洋要食物，耕海牧渔，建设海上牧场、'蓝色粮仓'"，构建多元化食物供给体系。"大农业观""大食物观"突出体现的思维方式是（　）。【2025年度"考研"政治之单选题】

A.极限思维　　　　B.历史思维

C.系统思维　　　　D.逆向思维

题8-2. 习近平总书记强调，粮食安全是"国之大者"。下列保障粮食安全的举措正确的有几项（　）。【2025年度"国考"行测之政治理论试题】

①全面落实粮食安全党政同责，坚持稳面积、增单产两手发力

②树立大农业观、大食物观，农林牧渔并举，构建多元化食物供给体系

③加大高标准农田建设投入和管护力度，确保耕地数量有保障、质量有提升

④扩大粮食领域高水平对外开放，逐步加大国外优质种业资源和海外粮食产品在我国市场的占有率

⑤强化科技和改革双轮驱动，加大核心技术攻关力度

A.2项　　　　　　B.3项

C.4项　　　　　　D.5项

题8-3. 我国是一个有十四亿多人口的大国，无论社会现代化程度有多高，解决好吃饭问题，始终是治国理政的头等大事。保障我国粮食安全的关键在于（　）。【2024年度"考研"政治之单选题】

A.健全种粮农民收益保障机制

B. 推进农业供给侧结构性改革

C. 落实藏粮于地、藏粮于技战略

D. 完善主产区利益补偿制度

题 8-4. 习近平总书记强调全面建设社会主义现代化国家，扎实推进共同富裕，最艰巨最繁重的任务仍然在农村，必须逐步缩小城乡差距。下列符合党和国家政策精神的是（　）。【2024 年度"国考"行测之常识判断有关试题】

①积极推进以建制镇为重要载体的新型城镇化建设，构建以建制镇为枢纽的县镇经济体系

②持续实施动态监测，不断增强脱贫地区内生发展动力，坚决守住不发生规模性返贫底线

③因地制宜大力发展特色产业，推进农村一、二、三产业融合发展

④持续深化农村人居环境整治，加强传统村落和乡村特色风貌保护，加强农村精神文明建设

A. ①②③　　　　　　　　　B. ①②④

C. ②③④　　　　　　　　　D. ①③④

题 8-5. 2022 年 11 月 28 日，中共中央办公厅、国务院办公厅发布《乡村振兴责任制实施办法》。下列与乡村振兴责任制有关的说法不准确的是（　）。【2024 年度"国考"行测之常识判断有关试题】

A. 坚持党对农村工作的全面领导，省市县乡村五级书记抓乡村振兴

B. 中央和国家机关有关部门要以健全城乡融合发展体制为主线深化农村改革

C. 地方政府乡村振兴要把确保粮食和重要农产品供给作为首要任务

D. 县级党委和政府是乡村振兴"一线指挥部"

题 8-6. 党的二十大以来，习近平总书记多次强调各地区要立足自身实际，立足国家发展大局中的战略定位。例如，浙江要引领科技创新，塑造发展新优势；内蒙古要做大做强主要能源基地；黑龙江要当好国家粮食安全压舱石。这是为了（　）。【2024 年度"考研"政治之多选题】

A. 发挥各地比较优势，塑造我国发展新格局

B. 优化区域经济布局，拓展我国发展动力源

C. 统筹发展和安全，掌握发展主动权

D. 同步实现共同富裕，推动我国发展迈向新台阶

题 8-7. 西部地区在全国改革发展稳定大局中举足轻重。要一以贯之抓好党中央推动西部大开发政策举措的贯彻落实，进一步形成大保护、大开放、高质量发展新格局。关于新时代推动西部大开发，下列表述不正确的是（　）。【2025年度"国考"行测之政治理论试题】

A. 要坚持把全面发展新兴产业作为主攻方向，加快西部地区产业转型升级

B. 要坚持以大开放促进大开发，提高西部地区对内对外开放水平

C. 要坚持统筹发展和安全，提升能源资源等重点领域安全保障能力

D. 要坚持推进新型城镇化和乡村全面振兴有机结合，在发展中保障和改善民生

参考答案：

题 8-1. C

题 8-2. C

题 8-3. C

题 8-4. C

题 8-5. B

题 8-6. ABC

题 8-7. A

【学习问答】

问 8-1　推进区域重大战略的主要任务是什么？

答：区域重大战略是国家为促进特定地区发展而制定的发展战略，充分考虑了我国国土空间类型多样、发展条件差别巨大的客观实际。要把准区域类型和功能定位，扎实推动战略重点区域发展，发挥示范引领和辐射带动作用，更好服务和支撑区域协调发展大局。

（一）推进京津冀协同发展。牢牢牵住北京非首都功能疏解这个"牛鼻子"，加快破解制约协同发展向纵深推进的体制机制障碍，支持京津冀进一步形成更紧密的协同工作格局。加快推进疏解高校、医院、央企在雄安新区落地建设，高标准高质量建设北京城市副中心，抓好进一步支持滨海新区高质量发展的政策措施落实。深化三地公路、铁路等"硬联通"和异地就医、养老等"软联通"，加快科技创新和产业协作等重点领域协同发展。

（二）深入推进长三角一体化发展。紧扣一体化和高质量两个关键，统筹龙头带动和各扬所长，推动长三角一体化发展取得新的重大突破。推进长三角科技创新和产业创新跨区域协同，支持科研机构、科技领军企业协同推进重大科技攻关任务，共建现代化产业体系。上海市是长三角地区的龙头，要加快国际经济、金融、贸易、航运、科技创新"五个中心"建设，支持临港新片区建设国际数据产业园区，进一步提升虹桥国际开放枢纽能级。加强长三角生态绿色一体化发展示范区制度创新成果推广应用，推动上海市与苏州市、南通市、嘉兴市等周边地区深化一体化发展，加快建设美丽幸福长三角。

（三）加强粤港澳大湾区建设。以科技创新、产业发展、设施联通、规则衔接、民生改善等领域为重点，不断深化粤港澳全面合作、深度合作，促进港澳融入国家发展大局取得新进展。深入推进机制对接，进一步便利人员、资金、数据等要素跨境流动，提升市场一体化发展水平。支持三地联合科技攻关，加快建设国际科技创新中心。研究制定支持横琴合作区建设的一揽子政策举措，提升琴澳一体化发展水平，促进澳门经济适度多元发展。着力推进前海、南沙、河套等重大合作平台建设，更好发挥其在商贸、金融、科技创新等方面的引领带动作用。

（四）持续推进长江经济带高质量发展。坚持共抓大保护、不搞大开发，坚持生态优先、绿色发展，推动长江流域生态环境保护和高质量发展从量变向质变跃升。围绕城市生活污水管网、工业污染治理、重要湖泊治理等领域开展攻坚，坚定不移推进长江十年禁渔，加快船舶等重点领域绿色转型。大力提升长江黄金水道功能，推动三峡水运新通道项目尽早开工建设，加快推进沿江高铁建设，进一步提升联通衔接水平。推动沿江省市产业有序转移，支持沿江先进制造业集群培育提升，加快推进沿江制造业创新中心建设。

（五）全面推动黄河流域生态保护和高质量发展。坚持重在保护、要在治理，系统提升上游水源涵养能力，加强中游水土保持，推进下游湿地保护和生态治理。水资源短缺是制约黄河流域发展的突出短板，要稳步优化调整黄河可供水量分配方案，加快建立强制性用水定额制度，保障重要堤防水库和基础设施安全。支持黄河流域扎实推进新一轮千亿斤粮食产能提升行动，持续开展粮油作物大面积单产提升行动，加快推进煤炭矿区规划建设，更好保障国家粮食和能源安全。有序推进传统行业产能置换，建设具有黄河特色的现代产业体系。

（六）支持经济大省挑大梁。大省经济体量大，产业基础好，在区域发展中发挥着龙头带动作用。习近平总书记在参加十四届全国人大三次会议江苏代表团审议时强调，圆满实现"十四五"发展目标，经济大省要挑大梁。今年将在要素保障、科技创新、改革开放先行先试等方面制定支持政策，更好发挥大省在稳经济、促创新、扩就业等方面的引领带动作用。其他地区也不能"等靠要"，要发挥特色优势，因地制宜、各展所长，为全国发展大局贡献。

第九章　加快经济社会发展全面绿色转型

【报告摘录】

协同推进降碳减污扩绿增长，加快经济社会发展全面绿色转型。进一步深化生态文明体制改革，统筹产业结构调整、污染治理、生态保护、应对气候变化，推进生态优先、节约集约、绿色低碳发展。

加强污染防治和生态建设。持续深入推进蓝天、碧水、净土保卫战。制定固体废物综合治理行动计划，加强新污染物协同治理和环境风险管控。深入实施生态环境分区管控，统筹推进山水林田湖草沙一体化保护和系统治理，全面推进以国家公园为主体的自然保护地体系建设，推动"三北"工程标志性战役取得重要成果。实施生物多样性保护重大工程，坚定推进长江十年禁渔。健全生态保护补偿和生态产品价值实现机制。积极推进美丽中国先行区建设，不断满足人民群众对良好生态环境新期待。

加快发展绿色低碳经济。完善支持绿色低碳发展的政策和标准体系，营造绿色低碳产业健康发展生态。深入实施绿色低碳先进技术示范工程，培育绿色建筑、绿色能源、绿色交通等新增长点。完善资源总量管理和全面节约制度，加强重点用能用水单位节能节水管理，有力有效管控高耗能项目。加强废弃物循环利用，大力推广再生材料使用，促进循环经济发展。健全绿色消费激励机制，推动形成绿色低碳的生产方式和生活方式。

积极稳妥推进碳达峰碳中和。扎实开展国家碳达峰第二批试点，建立一批零碳园区、零碳工厂。加快构建碳排放双控制度体系，扩大全国碳排放权交易市场行业覆盖范围。开展碳排放统计核算，建立产品碳足迹管理体系、碳标识认证制度，积极应对绿色贸易壁垒。加快建设"沙戈荒"新能源基地，发展海上风电，统筹就地消纳和外送通道建设。开展煤电低碳化改造试点示范。规划应对气候变化一揽子重大工程，积极参与和引领全球环境与气候治理。

【名词浅释】

1. 新污染物

新污染物是有毒有害化学物质，具有生物毒性、环境持久性、生物累积性等特征，对生态环境或者人体健康存在较大风险。

新污染物何以为"新"：一方面，相对于人们熟悉的常规污染物如二氧化硫、氮氧化物、PM$_{2.5}$等，新污染物知晓度相对低、更加新些；另一方面，新污染物种类繁多，并且随着环境监测技术的不断发展，可能被识别出的新污染物还会持续增加，种类在动态更新。

分类：目前国际上广泛关注的新污染物有持久性有机污染物、内分泌干扰物、抗生素、微塑料等四大类。有毒有害化学物质的生产和使用是新污染物的主要来源。

---

2. 生态保护补偿

生态保护补偿是指通过财政纵向补偿、地区间横向补偿、市场机制补偿等机制，对按照规定或者约定开展生态保护的单位和个人予以补偿的激励性制度安排。

补偿方式：资金补偿、对口协作、产业转移、人才培训、共建园区、购买生态产品和服务等。

---

3. 绿色低碳经济

推动经济社会发展绿色化、低碳化，是新时代党治国理政新理念新实践的重要标志，是实现高质量发展的关键环节，是解决我国资源环境生态问题的基础之策，是建设人与自然和谐共生现代化的内在要求。发展绿色低碳经济是推动经济社会发展绿色化、低碳化的题中应有之义。

---

4. 绿色建筑

绿色建筑是在全生命周期内，节约资源、保护环境、减少污染，为人们提供健康、适用、高效的使用空间，最大限度地实现人与自然和谐共生的高质量建筑。

评价标准：LEED（能源与环境设计先锋）为全球公认的绿色建筑认证体系，我国有《绿色建筑评价标准》（GB/T 50378—2019）。

5. 绿色消费

绿色消费是指以节约资源和保护环境为特征的消费行为，主要表现为崇尚勤俭节约，减少损失浪费，选择高效、环保的产品和服务，降低消费过程中的资源消耗和污染排放。

政策引导：如能效标识，家电、汽车等产品标注能效等级；政府示范，公共机构优先采购环保产品等。

6. 零碳园区

零碳园区是在规划、建设、运营和管理的各个阶段融入零碳理念，综合运用节能、减排、固碳、碳汇等碳中和措施，实现边界范围内产业、能源、资源、建筑、生产、交通、生活和管理零碳发展，达到碳排放总量与吸收自我平衡的生产、生态、生活深度融合的产业园区。

7. 零碳工厂

零碳工厂指在一定周期和温室气体排放核算边界内，生产过程中温室气体排放量，按照二氧化碳当量计算，经自主减碳后，剩余部分排放量通过购买碳信用、碳配额等方式得到抵消的工厂。

8. 碳排放双控

碳排放双控指同时控制碳排放总量和强度（单位 GDP 碳排放量）。

实施机制：强度优先，初期以强度目标为主，逐步过渡到总量控制；分解落实，将国家目标按地区、行业、企业层层分配。

9. 碳排放权交易市场

碳排放权交易市场是通过市场化手段分配和交易碳排放配额，让排碳者付出成本，让降碳者获取收益，已成为国际上很多国家降低碳排放的重要手段。

我国实践：2011 年 10 月，碳排放权交易地方试点工作在北京、天津、上海、重庆、广东、湖北、深圳 7 个省、市启动。2016 年福建省也启动了碳市场试点交易。2021 年 7 月 16 日，全国碳市场上线交易正式启动，纳入发电行业重点排放单位 2162 家，覆盖约 45 亿吨二氧化碳排放量，成为全球覆盖温室气体排放量最大的碳市场。

10. 碳足迹

碳足迹是指特定对象在一定时间内直接或间接导致的温室气体排放量和清除量之和，以二氧化碳当量表示。特定对象可以是个体、组织、国家、产品等。碳足迹可以用来反映人类活动对环境的影响，为实现温室气体减排提供参考。近年来，一些国家的政府正在尝试将碳足迹管理作为应对气候变化的政策工具，其中产品碳足迹应用最为广泛。

11. 碳标识认证

碳标识认证是对产品或服务碳足迹进行第三方核查并授予认证标签的制度，引导低碳消费。

制度规定： 2025 年 3 月，国家认监委发布《产品碳足迹标识认证通用实施规则（试行）》。

【资料拓展】

应对气候变化

应对气候变化指通过减缓温室气体排放和适应气候变化影响，降低全球变暖风险的国际行动与国家政策。

主要路径： 减缓，发展可再生能源、提高能效、碳捕集与封存（CCS）等；适应，加强防灾减灾体系建设、调整农业种植结构等。

重要原则： "共同但有区别的责任"是全球气候谈判中的重要原则，它明确了发达国家要率先应对气候变化。其原因包括发达国家自工业革命以来排放温室气体较多而对气候变化负历史责任，发达国家相比发展中国家更有资金和技术等方面的能力来应对气候变化等。

国际目标： 2015 年 12 月 12 日，《联合国气候变化框架公约》196 个缔约方一致同意通过《巴黎协定》。《巴黎协定》提出，缔约各方将加强对气候变化威胁的全球应对，到 2100 年，把全球平均气温较工业化前水平升高控制在 2℃之内，并为将气温升幅控制在 1.5℃之内而努力。全球将尽快实现温室气体排放达到峰值，并且在 2050 年到 2100 年之间实现人类活动排放与自然吸收之间的平衡。

碳达峰、碳中和

一、基本定义

碳达峰指某个区域（国家、地区或企业）的二氧化碳排放量在某一时间点达到历史最高值后，进入持续下降的阶段，是碳排放由增转降的拐点。

碳中和指通过节能减排、碳捕集、植树造林等方式，抵消人类活动产生的二氧化碳排放量，实现"净零排放"。

二、突出意义

减缓全球变暖：应对气候变化，助力实现《巴黎协定》有关目标。

促进绿色低碳发展：推动能源结构从化石燃料转向清洁能源，促进绿色技术革新和产业升级。

三、我国"双碳"目标的提出

2020年9月22日，中华人民共和国主席习近平在第七十五届联合国大会一般性辩论上发表重要讲话，向全世界郑重宣布"中国将提高国家自主贡献力度，采取更加有力的政策和措施，二氧化碳排放力争于2030年前达到峰值，努力争取2060年前实现碳中和"。

表 9-1　世界部分国家和地区实现"双碳"目标时间表

经济体	碳达峰时间	碳中和时间
中国	2030 年前	2060 年前
欧盟	1990 年	2050 年
美国	2007 年	2050 年
日本	2013 年	2050 年
英国	1991 年	2050 年
澳大利亚	2006 年	2040 年
韩国	2013 年	2050 年
加拿大	2007 年	2050 年
印度	尚未明确	2070 年

注：根据有关资料整理，数据截至 2025 年 5 月。

发达国家从碳达峰到碳中和，欧盟将用 60 年，美国将用 43 年，日本将用 37 年，而我国给自己规定的时间只有 30 年，欧盟、美国、日本所用的时间分别是我国的 2 倍、1.4 倍、1.2 倍。作为拥有 14 亿多人口的发展中国家，我国将用 30 年左右时间完成全球最高碳排放强度降幅，用全球历史上最短的时间实现从碳达峰到碳中和。这需要我国作出艰苦卓绝的努力，充分体现了我国在这个问题上的大国担当。

四、实现"双碳"目标有关举措

1. 能源结构调整

减煤增绿：限制煤炭消费，发展风电、光伏、核能等清洁能源。

新型电力系统：建设以新能源为主体的智能电网，提升储能技术。

2. 重点行业减排

工业：钢铁、水泥等高耗能行业推广低碳工艺（如氢冶金）。

交通：推广电动汽车，发展氢燃料和生物质能源。

建筑：推广绿色建材和超低能耗建筑。

3. 碳市场与金融工具

全国碳市场：通过碳排放权交易，以市场化手段推动减排。

绿色金融：发行碳中和债券，引导资金流向低碳项目。

4. 生态碳汇增强

森林/海洋固碳：扩大森林覆盖率，保护湿地和海洋生态系统。

CCUS 技术（碳捕集、利用与封存）：应用于火电、化工等领域。

5. 政策与制度保障

顶层设计：我国出台"1+N"政策体系（1 个总体方案 + N 个行业方案）。

国际合作：参与全球气候治理，推动《巴黎协定》落实。

生物多样性保护

生物多样性指地球生态系统中物种、遗传基因和生态过程的多样性，是维持生态平衡与人类生存的基础。当今，生物栖息地退化丧失、自然资源过度消费、环境污染、气候变化、外来物种入侵等严重威胁着全球生物多样性。《生物多样性公约》是一项保护地球生物资源的国际性公约，于 1992 年 6 月 1 日由联合国环境规划署发起的政府间谈判委员会第七次会议通过，于 1993 年 12 月 29 日正式生效。

我国作为最早签署《生物多样性公约》的国家之一，1994 年率先编制《中国生物多样性保护行动计划》。党的十八大以来，我国全面提升生物多样性保护和管理水平，强化生物多样性保护战略地位，将生物多样性保护理念融入生态文明建设全过程。2021 年，中共中央办公厅、国务院办公厅印发《关于进一步加强生物多样性保护的意见》，明确新时期进一步加强生物多样性保护的新目标、新任务。2022 年，我国作为《生物多样性公约》第十五次缔约方大会（COP15）主席国，带领各方达成"昆蒙框架"及一揽子配套政策措施，其中确立的"3030"目标备受关注，即到 2030 年实现全球 30% 的陆地和 30% 的海洋区域得到有效保护。在全球生物多样性保护进程中，我国的重要引领作用日益凸显。

国家公园

国家公园概念最早由美国艺术家乔治·卡特琳于 1832 年提出，旨在保护原始自然与文化遗产。1872 年，美国黄石公园成为全球首个国家公园。世界各国根据本国资源特色和基本国情，进行了不同程度的实践探索。目前，全球有 200 多个国家和地区建立了国家公园，在全球生态系统、珍稀濒危物种、自然遗产和景观等自然资源保护方面发挥了重要作用。

我国于 2013 年党的十八届三中全会首次提出建立国家公园体制，2015 年启动国家公园体制试点，2021 年正式设立第一批包括三江源、大熊猫、东北虎豹、海南热带雨林、武夷山 5 个国家公园。

2022 年印发的《国家公园空间布局方案》，进一步明确了我国国家公园建设的时间表、路线图。该文件将我国自然生态系统最重要、自然景观最独特、自然遗产最精华、生物多样性最富集的区域纳入国家公园体系，遴选出 49 个国家公园候选区（含正式设立的 5 个国家公园），其中陆域 44 个、陆海统筹 2 个、海域 3 个，总面积约 110 万平方公里，涉及 28 个省份。这些区域共涉及现有自然保护地 700 多个，10 项世界自然遗产、2 项世界文化和自然双遗产、19 处世界人与生物圈保护区，分布着 5000 多种野生脊椎动物和 2.9 万余种高等植物，保护了超 80% 的国家重点保护野生动植物物种及其栖息地，保护了国际候鸟迁徙、鲸豚类洄游、兽类跨境迁徙关键区域。文件提出，到 2035 年基本完成国家公园空间布局建设任务，基本建成全世界最大的国家公园体系。

表 9-2　我国第一批国家公园情况

名称	区域	主要特点
三江源国家公园	青海 / 西藏	地球第三极青藏高原高寒生态系统代表，保护高寒特有生物多样性及大江大河源区的草原草甸、荒漠戈壁、冰川雪山、河湖湿地复合生态系统
大熊猫国家公园	四川 / 陕西 / 甘肃	野生大熊猫核心分布区与主要栖息地，兼具独特的自然文化景观，覆盖 70% 以上野生大熊猫种群
东北虎豹国家公园	吉林 / 黑龙江	我国唯一具有繁殖家族的东北虎、东北豹栖息地，保护温带针阔混交林生态系统，实现虎豹种群与生态系统的协同保护
海南热带雨林国家公园	海南	亚洲热带雨林与季风常绿阔叶林交错带的典型代表，保存最完整的大陆性岛屿型热带雨林，保护海南长臂猿（全球最濒危灵长类动物）及雨林生物多样性宝库
武夷山国家公园	福建 / 江西	同纬度保存最完整的中亚热带常绿阔叶林生态系统，以"鸟的天堂""蛇的王国""昆虫世界"著称，拥有丹霞地貌碧水丹山景观，同时为世界文化与自然双遗产地

资料来源：根据各个国家公园核心保护目标与生态系统特色等整理。

"三北"工程

起源与提出："三北"工程全称为"三北防护林体系建设工程"，是我国针对西北、华北及东北地区（简称"三北"）生态脆弱问题启动的重大生态工程。"三北"地区分布着我国八大沙漠、四大沙地和广袤戈壁，沙化土地约占全国沙化土地面积的 90%，是我国荒漠化防治的核心区域。1978 年，"三北"工程正式启动，开创了我国大规模生态建设的先河。

工程规划阶段："三北"工程覆盖 13 个省（自治区、直辖市）的 551 个县，总面积 406.9 万平方公里，占国土面积的 42.4%，规划自 1978 年开始至 2050 年，分三个阶段、八期工程进行建设。其中：1978—2000 年为第一阶段，包括 1978—1985 年、1986—1995 年、1996—2000 年三期工程；2001—2020 年为第二阶段，包括 2001—2010 年、2011—2020 年两期工程；2021—2050 年为第三阶段，包括 2021—2030 年、2031—2040 年、2041—2050 年三期工程。

主要作用：

（1）防风固沙，遏制荒漠化扩展，减少沙尘暴危害。

（2）水土保持，恢复植被，减少水土流失，改善区域水源涵养能力。

（3）气候调节，提升森林覆盖率，缓解干旱、调节局部气候。

（4）促进发展，通过生态修复促进农牧业发展，助力乡村振兴。

长江十年禁渔

长江是中华民族的母亲河，孕育着超过4300种水生生物，其中鱼类就多达424种，特有鱼类183种，是全球七大生物多样性丰富河流之一。长江生态系统在国土空间生态格局中具有无可替代的战略价值。为保护修复母亲河的生态环境，2020年1月1日起，长江流域的332个自然保护区和水产种质资源保护区全面禁止生产性捕捞；2021年1月1日起，长江流域重点水域十年禁渔全面启动。

主要作用：

（1）生态修复，挽救长江濒危物种（如中华鲟、江豚），恢复水生生物多样性。

（2）资源恢复，遏制渔业资源枯竭，重建鱼类种群规模。

（3）可持续发展，为长江流域生态保护与渔业长效管理提供基础。

关键举措：

（1）全面禁捕，涉及沿江14省市，共23.1万渔民退捕上岸，中央财政安排补偿资金超270亿元。

（2）执法监管，开展"渔政亮剑"专项行动，严打非法捕捞，推广智能监控系统。

（3）渔民安置，提供就业培训、社保兜底，推动渔民转产至水产养殖、生态护渔等岗位。

（4）生态修复，实施珍稀鱼类增殖放流，拆除非法渔具，修复产卵场等关键栖息地。

"沙戈荒"新能源基地

"沙戈荒"是沙漠、戈壁、荒漠地区的简称。光照强、风力大、降水少等是"沙戈荒"的主要成因，因此"沙戈荒"地区也是我国太阳能、风能资源的富集地。"光伏＋治沙"有着天然互补优势，光伏在利用太阳能发电的同时，还能阻止沙丘移动、减少土壤水分蒸发，起到防沙治沙的作用。

目前，以"沙戈荒"为重点的大型风电光伏基地是我国新能源发展的主阵地。据统计，截至2024年底，第一批50个基地项目已基本建成投产，装机规模超过 9000 万千瓦。与此同时，装机规模的快速增长带动了新能源产业链上下游的技术创新与产业升级。2025 年，国家将持续加大对"沙戈荒"风光基地建设的支持力度。一方面，强化风光储关键技术攻关，提升发电效率与电网适配性；另一方面，加大电网配套投资，确保"沙戈荒"地区的清洁电能顺利并网，输送到更多地方。

（资料来源：根据中央广播电视总台《新闻联播》及有关资料整理）

【重要表述】

协同推进降碳减污扩绿增长

持续深入推进蓝天、碧水、净土保卫战

统筹推进山水林田湖草沙一体化保护和系统治理

健全生态保护补偿和生态产品价值实现机制

积极稳妥推进碳达峰碳中和

【以题辅学】

题 9-1. 习近平总书记指出，要健全美丽中国建设保障体系，统筹各领域资源，汇聚各方面力量，打好法治、市场、科技、政策"组合拳"。关于健全美丽中国建设保障体系，下列表述正确的是（　）。【2024 年度"国考"行测之常识判断有关试题】

①要全面实行排污许可制，完善自然资源资产管理制度体系，健全国土空间用途管制制度

②要完善绿色低碳发展经济政策，强化财政支持、税收政策支持、金融支持、价格政策支持

③要加快构建环保信用监管体系，规范环境治理市场，促进环保产业和环境服务业健康发展

④要更好发挥政府在碳排放权、用能权、用水权、排污权等资源环境要素配置中的决定性作用

A. ②③④　　　　　　　　B. ①②④

C. ①③④　　　　　　　　D. ①②③

题 9-2. 党的二十届三中全会提出，健全绿色低碳发展机制，实施支持绿色低碳发展的财税、金融、投资、价格政策和标准体系，发展绿色低碳产业，健全绿色消费激励机制，促进绿色低碳循环发展经济体系建设。关于健全绿色低碳发展机制，下列举措不恰当的是（　）。【2025 年度"国考"行测之政治理论试题】

A. 优化政府绿色采购政策，完善绿色税制

B. 建立碳排放双控向能耗双控全面转型新机制

C. 完善资源总量管理和全面节约制度，健全废弃物循环利用体系

D. 加快规划建设新型能源体系，完善新能源消纳和调控政策措施

题 9-3. 近些年，我国每年主要电器产品报废量超 2 亿台，手机废弃量达 4 亿部以上，其中蕴藏着大量有色金属、塑料、橡胶等资源，加快发展方式绿色转型，必须更加重视资源的再生循环利用，加快构建废弃物循环利用体系。据预测，到 2030 年，我国固废分类资源化利用的产值规模将达 7 万亿—8 万亿元。推动废弃物循环利用，有利于（　）。【2025 年度"考研"政治之多选题】

A. 形成节约集约循环利用的资源观

B. 转化资源利用方式，提高利用效率

C. 实现生产系统和生活系统循环链接

D. 科学推进水土流失综合治理

题 9-4. 结合材料回答问题：【2024 年度"考研"政治之材料分析题】

党的十八大以来，在习近平生态文明思想科学指引下，党领导人民站在人与自然和谐共生的高度谋划发展，推进中国式现代化，我国生态文明建设从理论到实践都发生了历史性、转折性、全局性变化，创造了举世瞩目的生态奇迹和绿色发展奇迹。

江南乡村的蝶变、塞罕坝沙地变林海、苍山洱海恢复本色、九曲黄河重现清流……世界见证一个个生态文明建设的中国故事。"我们的祖国天更蓝、山更绿、水更清"，党的二十大报告中的这句话道出了中国人民的切身感受。绿色循环低碳发展已成为当今时代新的经济增长点。今年上半年，在能源产业绿色转型引领下，我国光伏电池、风力发电机组等产品产量同比分别增长 54.5% 和 48.1%。新能源汽车"扬帆出海"，与之相关的汽车用锂离子动力电池、充电桩

等产品产量同比分别增长 46.4% 和 53.1%。绿色发展跑出"加速度"，为国民经济总体回升向好提供了有力支撑。从成功举办《生物多样性公约》第十五次缔约方大会、《湿地公约》第十四届缔约方大会，到推动建立全球清洁能源合作伙伴关系、启动 100 个减缓和适应气候变化项目，再到与数十个国家共同发起"一带一路"绿色发展伙伴关系倡议……中国始终积极参与国际环境保护治理，开展绿色双多边合作，携手各国共建地球生命共同体，为全球可持续发展注入不竭动力。中国的生态奇迹和绿色发展奇迹引发国际社会热烈反响。中国被视为全球绿色转型的领跑者和绿色发展的表率。许多世界知名专家纷纷表示，中国企业有望成为世界能源产业的领军力量，进而对全球生态环境治理和全人类可持续发展发挥积极作用。

我国经济社会发展已进入加快绿色化、低碳化的高质量发展阶段。但是，目前我国生态环境保护结构性、根源性、趋势性压力尚未根本缓解，必须以更高站位、更宽视野、更大力度来谋划和推进人与自然和谐共生的现代化。习近平总书记在全国生态环境保护大会上指出："要深入贯彻新时代中国特色社会主义生态文明思想，坚持以人民为中心，牢固树立和践行绿水青山就是金山银山的理念，把建设美丽中国摆在强国建设、民族复兴的突出位置，推动城乡人居环境明显改善、美丽中国建设取得显著成效，以高品质生态环境支撑高质量发展，加快推进人与自然和谐共生的现代化。"

——摘编自人民网（2023 年 7 月 20 日、8 月 3 日、8 月 11 日）

（1）如何理解"以高品质生态环境支撑高质量发展，加快推进人与自然和谐共生的现代化"？（6分）

（2）从人与自然和谐共生的现代化角度，分析中国式现代化道路的世界意义。（4分）

参考答案：

题9-1. D

题9-2. B

题9-3. ABC

题9-4. 要点参考：

（1）促进人与自然和谐共生是推动高质量发展的应有之义。高质量发展是体现新发展理念的发展，是绿色发展成为普遍形态的发展。实践充分表明，生态环境保护和经济发展是辩证统一、相辅相成的，"绿水青山就是金山银山"。发挥生态环境保护的引领、优化和倒逼作用，可以推动产业结构、能源结构、交通运输结构等调整优化，构建科技含量高、资源消耗低、环境污染少的产业结构，实现更高质量、更有效率、更加公平、更可持续、更为安全的发展。

（2）中国式现代化是人与自然和谐共生的现代化。在中国这样一个人口规模巨大的国家实现现代化，决不走西方工业化所走的"先污染后治理"的老路，而是要在尊重自然、顺应自然、保护自然中，创造一种以生态文明为特征的现代化。人与自然和谐共生的中国式现代化，超越了西方传统现代化理论，不仅是对子孙后代负责，更展现出一个负责任大国对人类发展应有的担当，将为人类现代化拓展生态文明新视域，推动构建人类命运共同体、努力开创人类更加美好的未来。

【学习问答】

问9-1 碳达峰碳中和如何积极稳妥推进？

答：推进碳达峰碳中和是我国对国际社会的庄严承诺，也是推动经济结构转型升级、形成绿色低碳产业竞争优势，实现高质量发展的内在要求。实现碳达峰碳中和，等不得也急不得，必须坚持稳中求进、逐步实现。

（一）扎实开展国家碳达峰第二批试点工作。2025年在一些地方开展碳达峰第二批试点，有序推进城建、交通、能源等领域重点任务和重大工程，着力解决首批试点中暴露的共性问题，不断总结经验，探索差异化降碳发展路径。建设零碳园区、零碳工厂既能提升园区企业绿色竞争力，又能促进区域经济绿色转型。重点推动清洁能源规模化应用，推广屋顶光伏、分布式风电及储能系统，探索"绿电直供＋隔墙售电"模式。加快绿色低碳产业培育，通过延链补链发展低能耗高附加值产业，推动传统产业深度脱碳。推广应用二氧化碳捕集与封存技术，将工业过程产生的碳排放收集起来合理利用。推进数字化管理，提升精细化运营水平，实现全流程减碳。

（二）加快构建碳排放双控制度体系。碳排放双控制度体系是实现"双碳"目标的重要制度设计。要加快构建碳排放双控制度体系，完善碳排放相关规划制度，合理确定五年规划期碳排放目标。建立地方碳排放目标评价考核制度，合理分解碳排放双控指标，推动省市两级建立碳排放预算管理。推动全国碳排放权交易市场、温室气体自愿减排交易市场建设，2025 年重点将水泥、钢铁、电解铝等行业纳入全国碳排放权交易范围，提高碳市场活跃度和流动性，增强碳市场的定价效率，实现更广泛的碳减排目标。

（三）强化碳排放统计核算、碳足迹管理、碳标识认证制度建设。探索重点行业领域碳排放预警管控机制，完善重点行业领域碳排放核算机制，常态化开展重点行业领域碳排放形势分析监测和预警。完善企业节能降碳管理，健全重点用能和碳排放单位管理制度。开展固定资产投资项目碳排放评价，将碳排放评价有关要求纳入固定资产投资项目节能审查，对项目用能和碳排放情况开展综合评价。加快建立产品碳足迹管理体系，制定产品碳足迹核算规则标准，丰富完善国家温室气体排放因子数据库，建立产品碳标识认证制度，帮助企业积极应对绿色贸易壁垒。

（四）加快构建新型能源体系。统筹好新能源发展和国家能源安全，逐步建立以非化石能源为主体、化石能源为兜底保障、新型电力系统为关键支撑、绿色智慧节约为用能导向的新型能源体系。大力推进风电光伏开发利用，2025 年要加快"沙戈荒"新能源基地建设，发展海上风电，统筹水电开发和生态保护，加强清洁能源基地、调节性资源和输电通道在规模能力、空间布局、建设节奏等方面的衔接协同，科学布局抽水蓄能、新型储能、光热发电。进一步加强智能电网建设，提升电力系统安全运行和综合调节能力。加强煤炭能源清洁高效利用，重点推动实施煤电机组节能改造、供热改造和灵活性改造"三改联动"和落后产能淘汰。实施新一代煤电升级专项行动，通过超长期特别国债等资金渠道对符合条件的煤电低碳化改造予以支持，并择优纳入绿色低碳先进技术示范工程。

（五）积极参与和引领全球环境与气候治理。我国是全球气候治理进程的重要参与者、贡献者和引领者。我们要持续推动落实全球发展倡议，规划应对气候变化一揽子重大工程。面对新的国际形势，要秉持人类命运共同体理念，全面参与气候变化、生物多样性、化学品与废物及海洋领域、乏燃料与放射性废物安全等重要国际环境公约履约谈判，推动构建公平合理、合作共赢的全球环境气候治理体系。有关方面正在推动加强南南合作以及同周边国家合作，强化绿色发展领域的多边合作平台建设，加强绿色投资和贸易合作，高质量推动共建"一带一路"绿色发展。

第十章　加大保障和改善民生力度

加大保障和改善民生力度，提升社会治理效能。加强普惠性、基础性、兜底性民生建设，稳步提高公共服务和社会保障水平，促进社会和谐稳定，不断增强人民群众获得感幸福感安全感。

更大力度稳定和扩大就业。就业是民生之本。要完善就业优先政策，加大各类资金资源统筹支持力度，促进充分就业、提高就业质量。实施重点领域、重点行业、城乡基层和中小微企业就业支持计划，用足用好稳岗返还、税费减免、就业补贴等政策。支持劳动密集型产业吸纳和稳定就业，统筹好新技术应用和岗位转换，创造新的就业机会。优化就业创业服务，拓宽高校毕业生等青年就业创业渠道，做好退役军人安置和就业服务，促进脱贫人口、农民工就业，强化大龄、残疾、较长时间失业等就业困难群体帮扶。加强灵活就业和新就业形态劳动者权益保障，推进扩大职业伤害保障试点。切实保障劳动者工资发放，清理整治欠薪，坚决纠正各类就业歧视。开展大规模职业技能提升培训行动，增加制造业、服务业紧缺技能人才供给。加快构建技能导向的薪酬分配制度，提高技能人才待遇水平，让多劳者多得、技高者多得、创新者多得。

强化基本医疗卫生服务。实施健康优先发展战略，促进医疗、医保、医药协同发展和治理。深化以公益性为导向的公立医院改革，推进编制动态调整，建立以医疗服务为主导的收费机制，完善薪酬制度，优化绩效考核。改善病房和诊疗条件，以患者为中心持续改善医疗服务。促进优质医疗资源扩容下沉和区域均衡布局，实施医疗卫生强基工程。加强护理、儿科、病理、全科、老年医学专业队伍建设，完善精神卫生服务体系。优化药品和耗材集采政策，强化质量评估和监管，让人民群众用药更放心。健全药品价格形成机制，制定创新药目录，支持创新药和医疗器械发展。完善中医药传承创新发展机制，推动中医药事业和产业高质量发展。加强疾病预防控制体系建设，统筹做好重点传染病防控。居民医保和基本公共卫生服务经费人均财政补助标准分别再提高30元和5元。稳步推动基本医疗保险省级统筹，健全基本医疗保险筹资和待遇调整机制，深化医保支付方式改革，促进分级诊疗。全面建立药品耗材追溯机制，严格医保基金监管，让每一分钱都用于增进人民健康福祉。

完善社会保障和服务政策。城乡居民基础养老金最低标准再提高20元，适当提高退休人员基本养老金。加快发展第三支柱养老保险，实施好个人养老金制度。积极应对人口老龄化，完善发展养老事业和养老产业政策机制，大力发展银发经济。加快发展智慧养老。推进社区支持的居家养老，强化失能老年人照护，加大对老年助餐服务、康复辅助器具购置和租赁支持力度，扩大普惠养老服务，推动农村养老服务发展。加快建立长期护理保险制度。制定促进生育政策，发放育儿补贴，大力发展托幼一体服务，增加普惠托育服务供给。稳妥实施渐进式延迟法定退休年龄改革。做好军人军属、退役军人和其他优抚对象优待抚恤工作。加强困境儿童、流动儿童和留守儿童关爱服务。做好重度残疾人托养照护服务，提升残疾预防和康复服务水平。加强低收入人口动态监测和常态化救助帮扶，完善分层分类社会救助体系，保障困难群众基本生活。

加强精神文明建设。完善培育和践行社会主义核心价值观制度机制，推进群众性精神文明创建和公民道德建设。发展哲学社会科学、新闻出版、广播影视、文学艺术和档案等事业，加强智库建设。深化全民阅读活动。加强和改进未成年人思想道德建设。健全网络生态治理长效机制，发展积极健康的网络文化，推动新时代网络强国建设。完善公共文化服务体系，推动优质文化资源直达基层。健全文化产业体系和市场体系，加快发展新型文化业态，大力发展旅游业。推进文化遗产系统性保护，提升文物、非物质文化遗产保护利用和考古研究水平。扩大国际人文交流合作，全面提升国际传播效能。改革完善竞技体育管理体制和运行机制。办好第十五届全国运动会和第十二届世界运动会。积极发展冰雪运动和冰雪经济。推进群众身边的运动场地设施建设，广泛开展全民健身活动。加强青少年科学健身普及和健康干预，让年轻一代在运动中强意志、健身心。

维护国家安全和社会稳定。全面贯彻总体国家安全观，完善维护国家安全体制机制，推进国家安全体系和能力现代化。落实维护社会稳定责任制，加强公共安全治理，强化基层应急基础和力量。深入实施安全生产治本攻坚三年行动，做好重点行业领域安全生产风险排查整治，坚决遏制重特大事故发生。严格食品药品监管，抓好校园学生餐、平台外卖安全监管。加强气象服务。做好洪涝、干旱、台风、森林草原火灾、地质灾害、地震等自然灾害防范应对。做好西藏定日县地震灾后恢复重建，提高重点地区房屋、基础设施抗震能力。健全城乡基层治理体系，加强乡镇街道服务管理力量，提高市域社会治理能力。全面深化事业单位改革。引导支持社会组织、人道救助、志愿服务、公益慈善等健康发展。发挥好行业协会商会行业自律作用。保障妇女、儿童、老年人、残疾人合法权益。坚持和发展新时代"枫桥经验"，推进基层综治中心规范化建设，持续推进信访工作法治化，进一步加强社会矛盾和风险隐患排查，把矛盾纠纷化解在基层、化解在萌芽状态。提升公共法律服务均衡性和可及性。健全社会心理服务体系和危机干预机制，培育自尊自信、理性平和、积极向上的社会心态。建设更高水平的平安中国，完善社会治安整体防控体系，依法严厉打击黑恶势力、电信网络诈骗等违法犯罪活动，保障人民群众安居乐业、社会安定有序。

【名词浅释】

1. 城乡居民基础养老金

城乡居民基础养老金是指城乡居民基本养老保险制度中，由中央政府或地方政府统一规定并发放，用于保障城乡居民基本生活需要的一项养老金。基础养老金的发放标准由中央政府统一确定，确保全国范围内老年人都能获得基本的经济保障，各省市可以根据自身经济状况和财政能力在最低标准基础上进行适当调整，并可能对长期缴费的参保人额外加发年限基础养老金。

2. 第三支柱养老保险

第三支柱养老保险是我国养老保险体系中个人自愿参与的补充养老保障部分，与基本养老保险（第一支柱）以及企业年金和职业年金（第二支柱）共同构成多层次养老保障体系。

作用：缓解基本养老保险压力，提升退休生活质量。

自愿参与：个人通过购买商业养老保险、养老理财等金融产品积累养老金。

3. 人口老龄化

人口老龄化是指人口中老年人比重日益上升的现象。人口老龄化包括两个方面含义：一是指老年人口相对增多，在总人口中所占比例不断上升的过程；二是指社会人口结构呈现老年状态，进入老龄化社会。国际上通常认为，当一个国家或地区 60 岁及以上老年人口占人口总数的 10%，或 65 岁及以上老年人口占人口总数的 7%，即意味着这个国家或地区的人口处于老龄化社会。

我国现状：据统计，2024 年我国 60 岁及以上老年人口达到 3.1 亿，占全国总人口的 22%，其中，65 岁及以上人口数量为 22023 万人，占全国人口的 15.6%。

政策响应：延迟退休、完善养老服务体系、发展银发经济等。

4. 银发经济

银发经济是向老年人提供产品或服务，以及为老龄阶段做准备等一系列经济活动的总和。其中既包括满足老年人就餐、就医、照护、文体等事业范畴的公共服务，又涵盖满足老龄群体和备老人群多层次、多样化产品和服务需求的各类市场经济活动，比如发展老年用品、智慧健康养老、康复辅助器具、抗衰老、养老金融产品、老年旅游服务、适老化改造等潜力产业。

5. 智慧养老

智慧养老是利用物联网、大数据、AI 等技术提升养老服务精准性和效率的模式，实现"居家＋社区＋机构"联动。

应用场景：健康监测，智能手环实时追踪心率、定位等；服务匹配，平台一键呼叫助餐、保洁等上门服务。

6. 普惠养老服务

普惠养老服务指价格可负担、质量有保障、方便可及的养老服务，重点覆盖中低收入老年群体。

专门政策文件：2025 年 2 月，国家发展改革委等八部门印发《促进普惠养老服务高质量发展的若干措施》。

7. 长期护理保险制度

长期护理保险制度是为失能人员（如失智、瘫痪老人）提供护理费用补偿的社会保险。自 2016 年启动试点以来，长期护理保险制度已在全国 49 个城市实施。

筹资机制：医保基金划拨、个人缴费、财政补贴相结合。

服务形式：居家护理（每月补贴）、机构护理（费用报销）。

8. 困境儿童

困境儿童是指由于儿童自身、家庭和外界等原因陷入困境，需要予以帮助或保障的儿童，包括因家庭贫困导致生活、就医、就学等困难的儿童，因自身残疾导致康复、照料、护理和社会融入等困难的儿童，以及因家庭监护缺失或监护不当遭受虐待、遗弃、意外伤害、不法侵害等导致人身安全受到威胁或侵害的儿童。

9. 社会主义核心价值观

社会主义核心价值观是社会主义核心价值体系的内核，包含 12 个词 24 个字，分三个层面。

国家层面：富强、民主、文明、和谐。

社会层面：自由、平等、公正、法治。

个人层面：爱国、敬业、诚信、友善。

10. 新型文化业态

新型文化业态是指在数字化、网络化、智能化等技术驱动下，以创意为核心，以科技为支撑，融合传统文化与现代科技，从而形成的新型文化产品和服务形态，如网络文学、电子竞技、虚拟现实（VR）文旅等。

主要特征：一是内容为王，无论是数字媒体、互动娱乐还是其他新兴文化样式，内容的独特性、创新性和深度性，都是吸引受众、激发情感共鸣与价值认同的关键。二是创新驱动，依赖于数字技术的进步及由科技创新所带来的业态模式的变革。三是多元融合，通过科技赋能、创意驱动、互联网融合和跨界融合等方式，逐步打破产业壁垒，催生出多元化产业新业态和新模式。

11. 冰雪经济

冰雪经济是以冰雪资源为基础，以冰雪运动为引领，涵盖冰雪文化、冰雪装备、冰雪旅游等相关产业的综合经济体系，具有能耗低、污染小、效益高等显著优势。

我国发展情况：2022 年北京冬奥会成功举办以来，我国不仅实现了"三亿人参与冰雪运动"的目标，跨越式发展的冰雪运动还与文化、旅游、商业等多领域深度融合，激活了冰雪经济发展潜能，带动了冰雪经济蓬勃发展。冰雪产业总规模从 2015 年的 2700 亿元增长至 2024 年的 9700 亿元，预计 2025 年将突破 1 万亿元大关。截至 2024 年底，全国冰雪运动场地达到 2678 个，其中滑冰场地 1764 个，占 65.87%；滑雪场地 914 个，占 34.13%。

12. 总体国家安全观

2014 年 4 月 15 日，习近平总书记在主持召开中央国家安全委员会第一次会议上，首次正式提出总体国家安全观。党的十九大将"坚持总体国家安全观"纳入新时代坚持和发展中国特色社会主义的基本方略并写入党章。党的二十大对国家安全工作进行专章部署，提出："坚持以人民安全为宗旨、以政治安全为根本、以经济安全为基础、以军事科技文化社会安全为保障、以促进国际安全为依托，统筹外部安全和内部安全、国土安全和国民安全、传统安全和非传统安全、自身安全和共同安全，统筹维护和塑造国家安全，夯实国家安全和社会稳定基层基础，完善参与全球安全治理机制，建设更高水平的平安中国，以新安全格局保障新发展格局。"

【资料拓展】

实施个人养老金制度

个人养老金是指政府政策支持、个人自愿参加、市场化运营、实现养老保险补充功能的制度，是我国养老保险体系的"第三支柱"。通俗讲，个人养老金就是个人自愿在特定账户存一笔钱，可以用来购买符合规定的金融产品，还能享受税收优惠政策，达到领取条件后就可以领取个人养老金，等于多了一个养老金来源，增加一层养老保障。

2021 年 12 月，中央全面深化改革委员会第二十三次会议审议通过《关于推动个人养老金发展的意见》，提出要推动发展适合中国国情、政府政策支持、个人自愿参加、市场化运营的个人养老金，与基本养老保险、企业（职业）年金相衔接，实现养老保险补充功能。2022 年 4 月，国务院办公厅发布《关于推动个人养老金发展的意见》。

2022 年 11 月，人力资源社会保障部、财政部、税务总局三部门的办公厅联合发布通知，宣布个人养老金制度在北京、上海、广州、西安、成都等 36 个先行城市或地区启动实施。

2024 年 12 月，人力资源社会保障部、财政部、税务总局、金融监管总局、中国证监会联合印发《关于全面实施个人养老金制度的通知》，提出自 2024 年 12 月 15 日起，在中国境内参加城镇职工基本养老保险或者城乡居民基本养老保险的劳动者，均可以参加个人养老金制度。其中提到：

参加方式上，参加人可以通过国家社会保险公共服务平台、电子社保卡、掌上 12333App 等全国统一线上服务入口或者符合规定的商业银行开立个人养老金账户，并在商业银行开立个人养老金资金账户。参加人每年可以两次变更个人养老金资金账户开户银行。

产品种类上，在现有理财产品、储蓄存款、商业养老保险、公募基金等金融产品的基础上，将国债纳入个人养老金产品范围。将特定养老储蓄、指数基金纳入个人养老金产品目录，推动更多养老理财产品纳入个人养老金产品范围。鼓励金融机构研究开发符合长期养老需求的个人养老储蓄、中低波动型或绝对收益策略基金产品等金融产品，合理确定个人养老储蓄的期限和利率。

领取条件上，除达到领取基本养老金年龄、完全丧失劳动能力、出国（境）定居等领取条件外，参加人患重大疾病、领取失业保险金达到一定条件或者正在领取最低生活保障金的，可以申请提前领取个人养老金。

2024 年 12 月，财政部、税务总局发布《关于在全国范围实施个人养老金个人所得税优惠政策的公告》，自 2024 年 1 月 1 日起，在全国范围实施个人养老金递延纳税优惠政策。其中提到：

在缴费环节，个人向个人养老金资金账户的缴费，按照 12000 元 / 年的限额标准，在综合所得或经营所得中据实扣除。

在投资环节，对计入个人养老金资金账户的投资收益暂不征收个人所得税。

在领取环节，个人领取的个人养老金不并入综合所得，单独按照 3% 的税率计算缴纳个人所得税，其缴纳的税款计入"工资、薪金所得"项目。

渐进式延迟法定退休年龄

2024 年 9 月 13 日，全国人大常委会批准了《国务院关于渐进式延迟法定退休年龄的办法》，决定自 2025 年 1 月 1 日起，坚持小步调整、弹性实施、分类推进、统筹兼顾的原则，同步启动延迟男、女职工的法定退休年龄，用十五年时间，逐步将男职工的法定退休年龄从原六十周岁延迟至六十三周岁，将女职工的法定退休年龄从原五十周岁、五十五周岁分别延迟至五十五周岁、五十八周岁。同时，从 2030 年 1 月 1 日起，将职工按月领取基本养老金最低缴费年限由十五年逐步提高至二十年，每年提高六个月。职工达到法定退休年龄但不满最低缴费年限的，可以按照规定通过延长缴费或者一次性缴费的办法达到最低缴费年限，按月领取基本养老金。

第十五届全国运动会

中华人民共和国第十五届运动会（简称：第十五届全国运动会）将于 2025 年 11 月 9 日至 21 日举行，由广东、香港、澳门三地共同举办，开幕式和闭幕式分别在广州和深圳举行。第十五届全国运动会是粤港澳三地承办的我国规模最大、水平最高、影响最广的综合性运动会，也是香港、澳门首次承办全国运动会。第十五届全国运动会分为竞体比赛和群众赛事活动，其中竞体比赛设 34 个大项 401 个小项，群众赛事活动设 23 个大项 166 个小项。 在竞体项目中，对标奥运会项目的同时，在跳水、举重等传统优势项目和场地自行车、赛艇等潜优势项目上增设非奥小项，在篮球、足球、排球项目上增设青年组小项。

第十二届世界运动会

世界运动会（World Games）是一个国际性的体育竞赛盛会，于 1981 年首次举办，每四年举行一次，竞赛项目以非奥运会项目为主，由国际世界运动会协会（International World Games Association，IWGA）主办，通常在每次奥运会一年后举行。首次世界运动会于 1981 年在美国加利福尼亚州圣克拉拉举行。第十二届世界运动会将于 2025 年 8 月 7 日至 17 日在我国四川成都举行。

全民健身

全民健康是国家综合实力的重要体现，是经济社会发展进步的重要标志。全民健身是实现全民健康的重要途径和手段，是全体人民增强体魄、幸福生活的基础保障。1995 年 6 月 20 日，《全民健身计划纲要》正式由国务院颁布。同年，《中华人民共和国体育法》出台，将"全民健身计划"纳入法律条文。1997 年 8 月 16 日，江泽民同志为全民健身工作题词："全民健身，利国利民，功在当代，利在千秋"。为继承和发扬北京奥运会的宝贵遗产，进一步夯实我国体育事业的发展基础，自 2009 年起每年 8 月 8 日被确定为"全民健身日"。2009 年 8 月 30 日，国务院颁布了首部专门性的全民健身行政法规《全民健身条例》。

党的十八大以来，以习近平同志为核心的党中央高度重视体育强国建设，始终把人民健康放在优先发展的位置。2014 年《关于加快发展体育产业促进体育消费的若干意见》将全民健身上升为国家战略，把全民健身事业作为助力体育产业发展和扩大体育健身消费的基石。2016 年《"健康中国 2030"规划纲要》进一步凸显了全民健身在体育强国和健康中国战略中的重要地位。

"枫桥经验"

"枫桥经验"起源于 20 世纪 60 年代初，浙江省诸暨县（现诸暨市）枫桥镇干部群众在改造"四类分子"（地、富、反、坏分子）中，创造了"发动和依靠群众，坚持矛盾不上交，就地解决，实现捕人少、治安好"的经验。发动和依靠群众是"枫桥经验"的精髓所在、灵魂所在。"枫桥经验"走的就是群众路线、靠的是人民、为的是百姓。枫桥干部群众总结出的工作原则是"小事不出村、大事不出镇、矛盾不上交"。1963 年毛泽东同志批示"要各地仿效，经过试点，推广去做"。

改革开放以来，"枫桥经验"始终坚持通过发动和依靠群众，创新群防群治，创造性地开展"组织建设走在工作前、预测工作走在预防前、预防工作走在调解前、调解工作走在激化前"的矛盾纠纷"四前"工作法，就地消化大量纠纷矛盾和一般治安问题，实现了"矛盾少、治安好、发展快、社会文明进步"的良好局面，成为全国社会治安综合治理的典范。

进入新世纪，浙江处在经济大发展、社会大转型的关键时期，新老问题交织叠加，矛盾纠纷增多，"枫桥经验"再次发挥出独特优势。时任浙江省委书记的习近平同志着眼于正确处理好改革发展稳定的关系，提出"维护社会和谐稳定同样是政绩"等重要论述。在他的倡导和推动下，浙江省委提出要根据新形势下维护社会稳定出现的新情况、新特点，把学习推广新时期"枫桥经验"作为加强社会治安综合治理的总抓手。枫桥镇在浙江省率先开展平安创建活动，建立全国第一个综治工作中心，"枫桥经验"进一步向社会管理纵深推进，探索、创新、实践了社会管理的新路子，形成了"党政动手、依靠群众、源头预防、依法治理、减少矛盾、促进和谐"的工作格局。

党的十八大以来，习近平总书记就坚持和发展新时代"枫桥经验"作出一系列重要指示，强调"各级党委和政府要充分认识'枫桥经验'的重大意义，发扬优良作风，适应时代要求，创新群众工作方法，善于运用法治思维和法治方式解决涉及群众切身利益的矛盾和问题"，为"枫桥经验"赋予新的时代内涵。新时代"枫桥经验"从乡村拓展到社区、网络等新空间，从社会治安领域扩展到政治、经济、文化、社会、生态等新领域，特色鲜明，应用广泛。

（资料来源：根据《光明日报》等有关资料整理）

【重要表述】

加强普惠性、基础性、兜底性民生建设

不断增强人民群众获得感幸福感安全感

就业是民生之本

促进医疗、医保、医药协同发展和治理

促进优质医疗资源扩容下沉和区域均衡布局

完善发展养老事业和养老产业政策机制

健全网络生态治理长效机制，发展积极健康的网络文化，推动新时代网络强国建设

完善公共文化服务体系，推动优质文化资源直达基层

推进文化遗产系统性保护

加强青少年科学健身普及和健康干预，让年轻一代在运动中强意志、健身心

严格食品药品监管，抓好校园学生餐、平台外卖安全监管

进一步加强社会矛盾和风险隐患排查，把矛盾纠纷化解在基层、化解在萌

芽状态

提升公共法律服务均衡性和可及性

健全社会心理服务体系和危机干预机制，培育自尊自信、理性平和、积极向上的社会心态

建设更高水平的平安中国

【以题辅学】

题 10-1. 习近平总书记强调，要坚定不移贯彻新发展理念，更加自觉地把高质量充分就业作为经济社会发展的优先目标，使高质量发展的过程成为就业提质扩容的过程，提高发展的就业带动力。下列关于高质量充分就业的表述正确的是（　）。【2025 年度"国考"行测之政治理论试题】

①全面贯彻劳动者自主就业、政府主导就业、市场促进就业的方针

②坚持扩大就业容量和提升就业质量相结合

③坚持就业带动创业

④加强灵活就业和新就业形态劳动者权益保障，扩大职业伤害保障试点

A. ①②　　　　　B. ①③

C. ②④　　　　　D. ③④

题 10-2. 完善收入分配制度，构建初次分配、再分配、第三次分配协调配套的制度体系，是进一步全面深化改革的重要任务。关于完善收入分配制度，下列表述不准确的是（　）。【2025 年度"国考"行测之政治理论试题】

A. 提高劳动报酬在初次分配中的比重

B. 完善劳动者工资决定、合理增长、支付保障机制，健全按要素分配政策制度

C. 规范财富积累机制，多渠道增加城乡居民财产性收入

D. 完善税收、社会保障、转移支付等第三次分配调节机制

题 10-3. 深化医药卫生体制改革，是进一步全面深化改革的重要任务。关于深化医药卫生体制改革，下列举措不恰当的是（　）。【2025 年度"国考"行测之

政治理论试题】

    A. 促进优质医疗资源扩容下沉和区域均衡布局

    B. 加快建设分级诊疗体系，强化基层医疗卫生服务

    C. 完善公立医院薪酬制度，严格限制、缩减编制数量

    D. 促进医疗、医保、医药协同发展和治理

题 10-4. 经过接续奋斗，我国社会建设全面加强，幼有所育、学有所教、劳有所得、病有所医、老有所养、住有所居、弱有所扶得到更好实现，人民对美好生活的向往不断变成现实。新时代加强社会建设重要着力点是（　）。【2025 年度"考研"政治之单选题】

    A. 健全和完善社会保障体系

    B. 加强城乡社区治理

    C. 建立健全第三次分配机制

    D. 建设更高水平的平安中国

题 10-5. 习近平总书记指出："任何文化要立得住、行得远，要有引领力、凝聚力、塑造力、辐射力，就必须有自己的主体性。中国共产党历来重视文化，新时代我们在道路自信、理论自信、制度自信的基础上增加了文化自信。文化自信就来自我们的文化主体性。"新时代这一主体性最有力的体现就是（　）。【2025 年度"考研"政治之单选题】

    A. 创立习近平新时代中国特色社会主义思想

    B. 实现中华优秀传统文化创造性转化、创新性发展

    C. 铸牢中华民族共同体意识

    D. 把握中华文明发展规律

题 10-6. 习近平总书记指出，宣传思想文化工作事关党的前途命运，事关国家长治久安，事关民族凝聚力和向心力，是一项极端重要的工作。宣传思想文化工作的首要政治任务是（　）。【2025 年度"国考"行测之政治理论试题】

    A. 培育和践行社会主义核心价值观

    B. 用党的创新理论武装全党、教育人民

C. 提升国家文化软实力和中华文化影响力

D. 赓续中华文脉、推动中华优秀传统文化创造性转化和创新性发展

题 **10-7.** 高质量发展，文化是重要支点。近些年来，我国的文化产业得到了很大的发展，文化活力增强，文化对经济社会的发展起到了很大的作用。文化之所以能够成为高质量发展的重要支点，是因为（　）。【2025 年度"考研"政治之多选题】

A. 文化能为经济社会发展提供价值指引和精神力量

B. 文化建设是解决新时代主要矛盾的根本途径

C. 文化融入经济活动有助于激发发展动能，提升发展品质

D. 文化繁荣有助于促进社会创新创造的活力动力

题 **10-8.** 中华传统美德蕴含着丰富的思想道德资源，对我们今天的道德建设具有重要价值。习近平总书记指出："要继承和弘扬我国人民在长期实践中培育和形成的传统美德，坚持马克思主义道德观、坚持社会主义道德观，在去粗取精、去伪存真的基础上，坚持古为今用、推陈出新，努力实现中华传统美德的创造性转化、创新性发展。"中华传统美德的"创造性转化、创新性发展"体现为（　）。【2024 年度"考研"政治之多选题】

A. 对中华传统美德中具有当代价值的道德精神加以挖掘

B. 赋予中华传统美德新的时代内涵

C. 用中华传统美德滋养社会主义道德建设

D. 形成以中国传统文化为主体的道德体系

题 **10-9.**《中华人民共和国爱国主义教育法》由第十四届全国人民代表大会常务委员会第六次会议于 2023 年 10 月 24 日通过，自 2024 年 1 月 1 日起施行。这是新时代加强爱国主义教育，传承和弘扬爱国主义精神，实现中华民族伟大复兴中国梦的必然要求。下列关于爱国主义教育法表述正确的有（　）。【2024 年度"考研"政治之多选题】

A. 爱国主义教育法是社会主义核心价值观入法的具体体现

B. 爱国主义教育法有利于维护国家统一和民族团结

C.爱国主义教育法是惩治危害国家安全、荣誉和利益行为的法律武器

D.爱国主义教育法为加强新时代爱国主义教育提供了法治保障

题 10-10. 习近平总书记在党的二十大报告中深刻指出："全面依法治国是国家治理的一场深刻革命，关系党执政兴国，关系人民幸福安康，关系党和国家长治久安。必须更好发挥法治固根本、稳预期、利长远的保障作用，在法治轨道上全面建设社会主义现代化国家。"全面依法治国，关键在于（　）。【2024年度"考研"政治之单选题】

A.加快形成严密的法治监督体系

B.坚持依法治国与以德治国相结合

C.坚持党领导立法、保证执法、支持司法、带头守法

D.深入开展法治宣传教育

题 10-11. 法治思维的要义是把对法治的尊崇和对法治的敬畏转化为思维和行为方式，法治思维内容丰富，其中之一是法律至上，法律至上的表现为（　）。【2025年度"考研"政治之多选题】

A.法律必须遵守，违法必受惩罚

B.按照法律的逻辑来分析和解决一切社会问题

C.法律在本国主权范围内对所有人具有普遍约束

D.当同一次社会关系受多种社会规范的调整，而多种社会规范又相互矛盾时，要优先考虑法律规范的适用

题 10-12. 社会治理是国家治理的重要领域，关系国家长治久安、社会安定有序、人民安居乐业。20 世纪 60 年代浙江枫桥干部群众创造了依靠群众就地化解矛盾的"枫桥经验"。2023 年是毛泽东同志批示学习推广"枫桥经验"60周年，也是习近平总书记指示坚持和发展"枫桥经验"20周年。11 月 6 日，习近平总书记在会见全国"枫桥式工作法"入选单位代表时，再次强调要坚持和发展好新时代"枫桥经验"。新时代"枫桥经验"最突出的特点是（　）。【2024年度"考研"政治之单选题】

A.加强社会治理的顶层设计

B. 最大限度把矛盾风险化解在基层

C. 把人文关怀和心理疏导有机结合起来

D. 有效发挥政府的主导作用

参考答案：

题 10-1. C

题 10-2. D

题 10-3. C

题 10-4. A

题 10-5. A

题 10-6. B

题 10-7. ACD

题 10-8. ABC

题 10-9. ABCD

题 10-10. C

题 10-11. ACD

题 10-12. B

【学习问答】

问 10-1　如何促进高校毕业生等重点群体就业？

答： 对高校毕业生、退役军人、脱贫人口、农民工、就业困难人员等重点群体，要针对新形势新情况优化就业创业服务，拓展系统化工作思路，完善多元化支持体系，创造多样化就业机会。

（一）拓宽高校毕业生等青年就业创业渠道。2025 年应届高校毕业生 1222 万人，促就业压力不小。推动就业服务前移。抓住毕业生离校前的重要时间段，开展公共就业服务进校园，把就业政策、岗位信息、职业指导等送到毕业生身边。实施离校未就业毕业生服务攻坚行动，重点抓好困难毕业生的兜底帮扶。针对毕业生求职意愿与岗位匹配度不高等问题，加强就业观念引导和岗位衔接，努力实现人岗相适。多措并举拓展岗位。充分考虑毕业生就业意愿和挖潜空间，通过支持产业和企业发展创造更多适合毕业生的岗位，积极扩大城乡社区和事业单位招聘规模。挖掘更多乡村振兴、社区治理、就业社保等领域就业机会，稳定扩大"三支一扶"等基层项目规模。更加注重就业能力提升。抓住人才培养供需匹配这个关键，强化以就业为导向的学科专业建设。结合毕业生求职特点，加强就业指导必修课和教师队伍建设，深化实施百万就业见习岗位募集计划，推出更多知识型、科研型、管理型的见习岗位。

（二）做好退役军人安置和就业服务。在安置就业方面，要完善配套政策，在拓宽安置渠道、加强安置保障、提升服务质效上持续用力。强化待安置期管理保障，健全考试考核、赋分选岗、双向选择、直通安置等办法，持续提高安置质量。在就业创业服务方面，要紧密结合退役军人特质特点和创业实际，加强就业观择业观引导，加大订单式、定向式、定岗式培训力度，提升培训针对性实效性。落实好创业税收、金融等方面优惠政策，同时加强就业岗位开发，组织线上线下招聘，开展"送政策、送技能、送岗位"活动。

（三）促进脱贫人口、农民工就业。务工收入占农民收入的四成多，是农民收入的重要来源。稳定全国近3亿农民工就业，对促进农民增收至关重要。着力做好脱贫人口就业帮扶。用好支持脱贫人口就业的税收优惠、就业补贴、担保贷款、资金奖补等帮扶政策，持续增强政策效果。特别是要突出160个国家乡村振兴重点帮扶县、70个易地搬迁万人安置区的脱贫人口，落实优先帮扶举措和支持政策。充分发挥劳务协作机制作用，加强有组织输出，确保全年脱贫人口就业规模稳定在3000万人以上。增强促进农民工就业的承载力。抓住劳动密集型行业、重大投资建设项目等农民工从业集中、吸纳就业能力强的领域，支持行业企业稳定发展，加快项目投资和施工进度。支持促进农民工返乡创业，开展农村创业项目技术、融资、营销渠道等对接交流，落实支持政策，增强创业带动就业能力。创新就业服务保障方式。充分发挥"家门口"就业服务站、零工市场分布广泛、便捷可及的优势，推广"即时快招"模式，让劳动者转岗、上岗"无缝衔接"。开展有组织季节性务工，利用农闲季节和用工短缺季重叠期，因地制宜挖掘一批季节性岗位，增加农闲季节外出务工收入。

（四）强化大龄、残疾、较长时间失业等困难群体就业帮扶。围绕拓渠道，收集一批就业岗位，积极动员企业设立一批低门槛、有保障的爱心岗位，归集一批物业管理、便民服务等家门口就业岗位，鼓励开发一批远程客服、数据输入等适合残疾人的就业岗位，满足不同群体多元化就业需求。突出针对性，实施一系列就业帮扶，高频次举办分行业、分岗位、分地区的专场招聘活动，提供"就"在身边服务。打出组合拳，集中兑现一批就业援助"两优惠""三补贴"政策，支持服务对象到企业就业、灵活就业和自主创业。对通过市场渠道确实难以实现就业的，要统筹使用公益性岗位进行安置，切实兜牢就业保障网。

问 10-2　怎样加强技能人才培养和激励?

答:当前,劳动者就业意愿、技能素质与岗位需求难以有效对接,高技能人才求人倍率在 2 以上,大龄低技能劳动者求人倍率在 0.8 以下,有人没活干、有活没人干的现象较为突出。破解结构性就业矛盾,增强对高质量发展的人力资源支撑,要突出劳动力供给侧这个关键,以强化职业教育培训、培养高素质技能人才为抓手,推动技能人才提质扩量优结构。

(一)开展大规模职业技能提升培训行动。劳动者拥有一技之长,不仅能帮助自己找到好工作,也有利于促进产业升级和服务提质。从今年开始,连续 3 年每年补贴职业技能培训 1000 万人次以上,围绕康养托育、先进制造、现代服务、新职业等就业容量大、供需矛盾突出的行业领域,自下而上摸清需求,遴选培训项目,根据职业工种急需紧缺程度、培训成本、就业效果等,确定差异化的补贴标准,强化政策资金支持保障。启动康养领域专项培训计划、高技能领军人才计划,开展家政服务职业技能培训专项行动,推行"岗位需要 + 技能培训 + 技能评价 + 就业服务"培训模式,加强公共实训基地、高技能人才培训基地建设,健全终身职业技能培训制度。探索建立以社保卡为载体、贯穿劳动者终身的技能培训电子档案。规范培训和评价管理,巩固职业技能培训和评价专项整治成效。

(二)充分发挥企业培训主体作用。要鼓励产业龙头企业牵头,相关重点企业共同出资,技工院校提供培训资源,培育产训评一体的企业技能生态链。引导企业足额提取并合理使用职工教育经费,确保 60% 以上的经费用于一线职工教育和培训。依托企业加大高技能人才培训基地、技能大师工作室项目建设力度,探索支持企业建设实训设施的有效路径,提升企业高技能人才培养基础能力。推行中国特色企业新型学徒制,拓展学徒范围、企业范围、合作培养范围,提升学徒质量。

(三)加快构建技能导向的薪酬分配制度。支持在技能人才集中的区域、行业开展工资集体协商,推进技能人才薪酬分配指引,引导合理确定技能人才起点工资,推动工资分配向生产一线和急需紧缺的技能人才倾斜,提高技能人才待遇水平,实现多劳者多得、技高者多得、创新者多得。对社会需求大但薪酬水平低的职业工种,通过政府购买服务、补贴培训等方式给予支持,增强职业吸引力。畅通技能人才纵向成长通道,深入实施"新八级工"职业技能等级制度，支持企业开展特级技师、首席技师评聘工作。推进国家资历框架体系建设，推动扩大高技能人才与专业技术人才职业发展贯通领域，拓宽技能人才横向发展通道。健全技能人才职业资格体系，提高职业技能等级证书社会认可度，逐步推动职业技能等级证书在全国通用。

（四）持续营造技能成才良好环境。办好第三届全国职业技能大赛等赛事，为广大技能人才积极搭建展示技能、切磋技艺的平台。健全完善高技能人才表彰奖励体系，提升他们的社会地位和职业荣誉感。发挥大国工匠、中华技能大奖和全国技术能手引领作用，选树一批先进典型并加大宣传力度。加强世界青年技能日、职业教育活动周等宣传，引导全社会树立正确就业观，营造技能成才、技能报国的良好社会环境。

问 10-3 维护国家安全和社会稳定需要做好哪些重点工作？

答：国家安全是中国式现代化行稳致远的重要基础。社会稳定是国家强盛的前提。《报告》强调更好统筹发展和安全，对维护国家安全和社会稳定作出部署安排。我们要深入学习领会、认真贯彻落实，在国家更加安全、社会更加有序、治理更加有效、人民更加满意上持续用力，把平安中国建设推向更高水平。

（一）加强公共安全治理。公共安全与人民群众切身利益关系最密切，是人民群众安全感的晴雨表，是社会安定的风向标。要进一步提高公共安全治理水平，让更高水平平安中国以人民群众可见、可触、可感的方式实现。坚决遏制重特大事故发生。深入实施安全生产治本攻坚三年行动，进一步做好矿山、危化品、消防、工贸等重点行业领域安全生产风险排查整治，突出抓好建筑保温材料"一件事"全链条整治。强化基层应急基础和力量。贯彻落实好《关于进一步提升基层应急管理能力的意见》，切实筑牢应急管理第一道防线。严格食品药品监管。严把从生产地到餐桌、从实验室到医院的每一道防线，坚持以最严谨的标准、最严格的监管、最严厉的处罚、最严肃的问责强化全流程、全生命周期食品药品安全监管。抓好校园学生餐、平台外卖安全监管。进一步压实部门、地方、企业的安全责任，构建更加科学严谨的食品安全标准体系。强化药品安全风险防控。做好各类自然灾害防范应对。做好西藏定日县地震灾后恢复重建，提高重点地区房屋、基础设施抗震能力。完善国家安全风险监测预警体系，谋划推进自然灾害防治重点工程建设。谋划实施一批"十五五"时期强基础、增功能、利长远的防灾减灾救灾重点工程。提升重大灾害救援救灾能力。

（二）创新和完善社会治理。要确保中国特色社会主义基层治理政治本色，健全党组织领导的自治、法治、德治相结合的城乡基层治理体系，建设人人有责、人人尽责、人人享有的社会治理共同体。健全城乡基层治理体系。加强乡镇街道服务管理力量。坚持重心下移、力量下沉、资源下投，完善网络化管理、精细化服务、信息化支撑的基层治理平台。提高市域社会治理能力。引导支持社会组织、人道救助、志愿服务、公益慈善等健康发展。进一步完善制度、推进改革，以规范化建设推动社会组织高质量发展。深化行业协会商会等改革，支持公益慈善健康发展，加强社会工作者队伍建设，更好组织群众、发动群众，为国家安全工作赢得最可靠、最牢固的群众基础和力量源泉。把矛盾纠纷化解在基层、化解在萌芽状态。坚持和发展新时代"枫桥经验"，推进基层综治中心规范化建设，持续推进信访工作法治化。健全社会心理服务体系和危机干预机制，培育自尊自信、理性平和、积极向上的社会心态。强化社会治安整体防控，切实维护社会安定。完善社会治安整体防控体系，依法严惩涉黑涉恶、电信网络诈骗、跨境赌博、涉枪涉爆、侵害妇女儿童权益和黄赌毒、盗抢骗等群众反映强烈的违法犯罪活动，全力保障人民群众安居乐业、社会安定有序。

《报告》提出，努力实现高质量发展和高水平安全的良性互动。高水平安全涵盖经济社会发展很多方面内容，除了加强公共安全治理、完善社会治理之外，《报告》对有效防范化解重点领域风险也作出安排。同时，在农业、能源、工业等领域提出的一系列举措，都贯彻和体现了统筹发展和安全的要求。

第十一章　全面提升政府履职能力

【报告摘录】

应对新挑战、完成新任务，对政府工作提出新的更高要求。各级政府及其工作人员要深刻领悟"两个确立"的决定性意义，增强"四个意识"、坚定"四个自信"、做到"两个维护"，自觉在思想上政治上行动上同以习近平同志为核心的党中央保持高度一致。坚决扛起全面从严治党政治责任，深入贯彻中央八项规定精神，坚定不移推进政府党风廉政建设和反腐败斗争。全面提升政府履职能力，确保党中央决策部署不折不扣落实到位。

加强法治政府建设。严格依照宪法法律履职尽责，推进政府机构、职能、权限、程序、责任法定化。自觉接受同级人大及其常委会的监督，自觉接受人民政协的民主监督，自觉接受社会和舆论监督。加强审计监督。坚持科学、民主、依法决策，加强政府立法审查，强化重大决策、规范性文件合法性审查。深化政务公开。推进严格规范公正文明执法，落实行政裁量权基准制度，健全维护群众利益的制度机制。支持工会、共青团、妇联等群团组织更好发挥作用。政府工作人员要恪尽职守、廉洁奉公，厉行法治、依法办事，确保党和人民赋予的权力始终用来为人民谋幸福。

提升行政效能和水平。坚持求真务实，从实际出发解决问题。善于把党中央决策部署与自身实际结合起来，谋划牵引性、撬动性强的工作抓手和载体，提高创造性贯彻落实能力。加快数字政府建设，健全"高效办成一件事"重点事项清单管理和常态化推进机制，完善覆盖全国的一体化在线政务服务平台。强化正向激励，完善考核评价体系，持续整治形式主义为基层减负，切实把面向基层的多头重复、指标细碎、方式繁琐的督查检查考核减下来，让广大干部把更多时间和精力用到干实事上。各级政府工作人员要坚持干字当头、脚踏实地，创造更多经得起历史和人民检验的发展业绩。

【名词浅释】

1. "两个确立"

2021年11月，中国共产党第十九届中央委员会第六次全体会议公报指出，党确立习近平同志党中央的核心、全党的核心地位，确立习近平新时代中国特色社会主义思想的指导地位，反映了全党全军全国各族人民共同心愿，对新时代党和国家事业发展、对推进中华民族伟大复兴历史进程具有决定性意义。

2. "四个意识"

2016年1月29日召开的中共中央政治局会议，首次公开提出"增强政治意识、大局意识、核心意识、看齐意识"。

3. "四个自信"

2016年6月28日，习近平总书记在十八届中央政治局第三十三次集体学习时提出坚定"四个自信"，即中国特色社会主义道路自信、理论自信、制度自信、文化自信。

4. "两个维护"

"两个维护"是指坚决维护习近平总书记党中央的核心、全党的核心地位，坚决维护党中央权威和集中统一领导。2019年1月发布的《中共中央关于加强党的政治建设的意见》明确提出："坚持和加强党的全面领导，最重要的是坚决维护党中央权威和集中统一领导；坚决维护党中央权威和集中统一领导，最关键的是坚决维护习近平总书记党中央的核心、全党的核心地位。"2022年党的二十大修订的党章要求全体党员必须增强"四个意识"、坚定"四个自信"、做到"两个维护"。

5. "高效办成一件事"

2024年，国务院印发《关于进一步优化政务服务提升行政效能推动"高效办成一件事"的指导意见》，围绕企业迁移、就医费用报销、住房公积金贷款、新生儿出生等企业群众关切，先后推出两批重点事项清单，以"小切口"推动服务能力"大提升"。越来越多的"一件事"实现了"一次告知、一表申请、一套材料、一窗受理、一网办理"，实现了从"多部门来回跑"到"一件事高效办"。

【资料拓展】

"中央八项规定"和"中央八项规定精神"

党的十八大以来，"中央八项规定"和"中央八项规定精神"不仅成为家喻户晓的高频词，更成为全面从严治党的"金色名片"。

2012年12月4日，中央政治局召开会议，审议通过了《十八届中央政治局关于改进工作作风、密切联系群众的八项规定》，具体内容包括改进调查研究、精简会议活动、精简文件简报、规范出访活动、改进警卫工作、改进新闻报道、严格文稿发表、厉行勤俭节约等八个方面，简称"中央八项规定"。

"中央八项规定"出台以后，中央各部门和全国各地针对自身实际情况，制定了一系列改进作风的制度规定，不断细化和拓展"中央八项规定精神"，巩固作风建设成果。"中央八项规定"具体条文主要是对中央政治局提出的要求，而"中央八项规定精神"是对全党同志的共同要求，体现以上率下的精神，具体是指符合"中央八项规定"内涵的一系列政策规定的统称，是每一名党员都应当遵守的要求。

2025年3月12日，中央党的建设工作领导小组召开会议，学习贯彻习近平总书记关于深入贯彻中央八项规定精神学习教育的重要讲话和重要指示精神，研究部署学习教育工作。会议指出，党中央决定，自2025年全国两会后至7月在全党开展深入贯彻中央八项规定精神学习教育。

（资料来源：根据共产党员网、中央纪委国家监委网站和人民网等有关内容整理）

【重要表述】

深刻领悟"两个确立"的决定性意义，增强"四个意识"、坚定"四个自信"、做到"两个维护"

【以题辅学】

题 11-1. 习近平总书记强调，加强党风廉政建设，一体推进不敢腐、不能腐、不想腐，严格落实中央八项规定精神，督促党员、干部特别是领导干部清廉自守、廉洁从政、干净做事。根据《中国共产党纪律处分条例》，下列违纪情况属于违反廉洁纪律的是（　）。【2025 年度"国考"行测之政治理论试题】

A. 在重大原则问题上不同党中央保持一致且有实际言论、行为或者造成不良后果的

B. 拒不执行党组织的分配、调动、交流等决定的

C. 干涉生产经营自主权，致使群众财产遭受较大损失的

D. 滥用职权或者职务上的影响操办婚丧喜庆事宜，造成不良影响的

题 11-2. 党的十八大以来，在推进全面从严治党的伟大实践中，我们不断进行实践探索和理论思考，在毛泽东同志当年给出"让人民来监督政府"的第一个答案基础上，给出了第二个答案，那就是不断推进党的自我革命。关于深入推进党的自我革命实践，下列表述不准确的是（　）。【2025 年度"国考"行测之政治理论试题】

A. 以引领伟大社会革命为根本目的

B. 以跳出历史周期率为战略目标

C. 以解决大党独有难题为主攻方向

D. 以自我监督和法律监督相结合为强大动力

题 11-3. 习近平总书记指出，要推动各级领导班子认真践行正确政绩观，切实形成正确工作导向。下列表述与正确政绩观要求相符合的是（　）。【2025 年度"国考"行测之政治理论试题】

A. 领导干部要树牢竞争优先、力争上游的政绩观

B. 坚持高质量发展，要完善推动高质量发展的政绩考核评价办法

C. 坚持打基础利长远，要注重在做强发展指标、做优发展数据上下功夫

D. 坚持出实招求实效，要大力发展高标准、大气派的工程

参考答案：

题 **11-1. D**

题 **11-2. D**

题 **11-3. B**

【学习问答】

问 11-1　加强法治政府建设要做好哪些工作？

答：法治政府建设是全面依法治国的重点任务和主体工程。我国大约 80% 的法律、90% 的地方性法规和几乎所有的行政法规的执法工作，都是由行政机关来承担的。各级政府要深入学习贯彻习近平法治思想和党中央关于全面依法治国的战略部署，严格依照宪法法律履职尽责，推进政府机构、职能、权限、程序、责任法定化，自觉接受各方面监督，增强法治意识，提升法治能力，养成法治习惯，让政府工作始终在法治轨道上开展。

（一）坚持科学、民主、依法决策。规范重大行政决策程序，是建设法治国家、法治政府的必然要求。党的二十届三中全会首次提出"加强政府立法审查"，《报告》落实三中全会精神，提出"加强政府立法审查，强化重大决策、规范性文件合法性审查"。要进一步改革优化立法模式和工作机制，统筹推进相关法律法规规章立改废释纂工作，加强重点领域、新兴领域、涉外领域立法，及时推动修改或废止不适应改革发展要求的法律法规，多推动一些"小快灵"、针对性强的立法，防止部门利益和本位主义，确保行政行为于法有据。抓紧建设全国统一的法律法规和规范性文件信息平台，抓好《法规规章备案审查条例》实施，持续提升立法工作质效。完善重大决策合法性审查机制，进一步明确规范性文件合法性审查范围，规范审查程序，强化审查责任。作出重大决策前，应当听取合法性审查机构的意见，注重听取法律顾问、公职律师或者有关专家的意见。凡涉及公民、法人或者其他组织权利和义务的规范性文件，均应经过合法性审查。

（二）深化政务公开。政务公开是建设法治政府的一项重要制度。近年来，各级政府主动回应社会关切，不断加强经济宣传和舆论引导，推动政务公开制度更趋完备。2025 年，要进一步落实《中华人民共和国政府信息公开条例》，完善信息公开目录，健全信息公开审查机制，及时、准确地公开政府信息，持续提高政府工作的透明度。针对企业和群众普遍关注的经济社会发展热点问题，要及时主动发声，扎实做好经济形势宣传、政策解读和预期引导，把与企业和群众利益相关的政策措施讲清楚、讲透彻。随着信息网络技术飞速发展，社会公众对政务公开的及时、便捷、实用有了新的更高期待。在制定政策时，要同步考虑和安排政策解读工作，对涉及面广、社会关注度高、实施难度大、专业性强的政策法规，综合运用多种方式，深入浅出地解读政策出台的背景、目标和要点，帮助企业和群众准确把握政策精神，更好理解政策、便捷享受政策。

（三）推进严格规范公正文明执法。推进严格规范公正文明执法是建设法治政府的重要内容。当前，一些领域和地方仍存在滥用行政裁量权、执法不公正甚至选择性执法、趋利性执法问题。要深入落实行政裁量权基准制度，着力完善行政处罚等领域行政裁量权基准的制定主体、职责权限、制发程序、监督管理等规定。针对基准覆盖不全面问题，抓紧完善许可、征收、强制、检查等裁量权基准；针对裁量幅度不合理问题，考虑经营主体违法情况和可承受能力，按照"过罚相当"原则确定处罚限度；针对地方标准不统一问题，加强统筹指导，及时督促调整。中央经济工作会议明确 2025 年要开展规范涉企执法专项行动。各级政府要进一步规范执法程序，全面落实行政执法公示、执法全过程记录、重大执法决定法制审核制度，畅通申诉渠道，依法保障监管对象申诉权利。进一步优化执法方式，对情节比较轻微、没有主观故意、对社会危害性较低的违法行为，可采取柔性执法措施。进一步强化执法监督，关注罚没收入异常增长、违规异地执法、大额顶格处罚等情况，审查核实相关执法行为，有问题的及时纠正。

问 11-2　如何提升行政效能和水平？

答：优化政务服务、提升行政效能是优化营商环境、建设全国统一大市场的必然要求。各级政府要坚持求真务实，从实际出发解决问题，不断优化工作流程、改进工作方式，把党中央决策部署细化实化具体化，一项一项抓出成效。

（一）完善党中央重大决策部署落实机制。各级政府作为国家行政机关，首先是政治机关。要自觉贯彻党总揽全局、协调各方的根本要求，坚持从党和人民的立场、党和国家工作大局出发想问题、作决策、办事情，积极主动将党的主张和重大决策部署转化为法律法规和政策政令，转化为领导体制、工作机制和管理方式方法创新，转化为推动经济社会发展的实际行动。正确处理保证党中央政令畅通和立足实际创造性开展工作的关系，善于把党中央决策部署与自身实际结合起来，谋划牵引性、撬动性强的工作抓手和载体，提高创造性贯彻落实能力，确保抓落实的最终效果符合党中央决策意图。

（二）加力推进"高效办成一件事"。国务院把"高效办成一件事"作为优化政务服务、提升行政效能的重要抓手，2024 年印发《关于进一步优化政务服务提升行政效能推动"高效办成一件事"的指导意见》，分两批推出了 21 个重点事项，2025 年第一批又推出了 12 个重点事项。各级政府要健全"高效办成一件事"重点事项清单管理和常态化推进机制，提升线上线下政务服务能力，着力实现办事方式多元化、办事流程最优化、办事材料最简化、办事成本最小化，最大限度利企便民。以"高效办成一件事"为牵引，加快数字政府建设，完善覆盖全国的一体化在线政务服务平台，扎实推进跨层级、跨地域、跨系统、跨部门、跨业务政务数据共享和业务协同，持续推动政务服务标准化、规范化、便利化，让更多"一件事"能够高效办成，为企业和群众带来更好的体验。

（三）进一步强化正向激励。中央经济工作会议明确提出，要强化正向激励，激发干事创业的内生动力。近年来，各级政府及其工作人员担当作为的责任感和精气神不断提升，但有的干部仍然存在乱作为、不作为、不敢为、不善为问题。2025 年我国经济社会发展仍面临不少困难挑战，越是形势复杂、任务艰巨，越要迎难而上、主动作为。各级政府要完善考核评价体系，健全干部担当作为激励机制，把"三个区分开来"落到实处，为负责的干部负责，为担当的干部担当，为敢抓敢管的干部撑腰，为积极作为的干部加油鼓劲，充分调动干部积极性、主动性、创造性。政府工作人员要坚持干字当头、脚踏实地，以时不我待的精神狠抓落实，善于用改革创新的办法破解难题、科学应变，着力增强工作的穿透力，以更加强烈的担当、更加积极的作为推动高质量发展取得新成效，创造更多经得起历史和人民检验的发展业绩。

（四）持续整治形式主义为基层减负。基层是贯彻落实党中央决策部署的"最后一公里"，处于服务群众的最前沿。2024 年，中共中央办公厅、国务院办公厅印发了《整治形式主义为基层减负若干规定》，首次以党内法规形式制定出台为基层减负的制度规范。要坚持问题导向，把基层的"痛点"作为整治的"靶点"，对基层群众反映强烈的突出问题，发现一个整治一个；对具有一定典型性、普遍性的问题，集中力量开展专项整治和清理。把握工作重点，继续精简文件会议，整治"指尖上的形式主义"，规范创建示范和节庆展会论坛活动，扎实推动基层报表数据"只报一次"，切实把面向基层的多头重复、指标细碎、方式繁琐的督查检查考核减下来，让广大干部把更多时间和精力用到干实事上。强化源头治理，统筹为基层减负和赋能，健全为基层减负长效机制，把更多政策、资源和力量下放到基层，为基层干事创业创造更好条件。

第十二章　推动构建人类命运共同体

【报告摘录】

我们要坚持独立自主的和平外交政策，坚持走和平发展道路，坚定奉行互利共赢的开放战略，反对霸权主义和强权政治，反对一切形式的单边主义、保护主义，维护国际公平正义。中国愿同国际社会一道，倡导平等有序的世界多极化、普惠包容的经济全球化，推动落实全球发展倡议、全球安全倡议、全球文明倡议，积极参与全球治理体系改革和建设，推动构建人类命运共同体，共创世界和平发展的美好未来。

【资料拓展】

"三大全球倡议"

"三大全球倡议"是指全球发展倡议、全球安全倡议、全球文明倡议，是习近平总书记 2021 年以来相继提出的三大全球性重要倡议。

2021 年 9 月 21 日，中华人民共和国主席习近平在第七十六届联合国大会一般性辩论上的讲话中，提出了以"坚持发展优先""坚持以人民为中心""坚持普惠包容""坚持创新驱动""坚持人与自然和谐共生""坚持行动导向"等"六个坚持"为主要内容的全球发展倡议，倡导共同推动全球发展迈向平衡协调包容新阶段。

2022 年 4 月 21 日，中华人民共和国主席习近平在博鳌亚洲论坛 2022 年年会开幕式上的主旨演讲中，提出了以"坚持共同、综合、合作、可持续的安全观""坚持尊重各国主权、领土完整""坚持遵守联合国宪章宗旨和原则""坚持重视各国合理安全关切""坚持通过对话协商以和平方式解决国家间的分歧和争端""坚持统筹维护传统领域和非传统领域安全"这"六个坚持"为主要内容的全球安全倡议。

2023年3月15日，中共中央总书记、中华人民共和国主席习近平在中国共产党与世界政党高层对话会上的主旨讲话中，提出了以"共同倡导尊重世界文明多样性""共同倡导弘扬全人类共同价值""共同倡导重视文明传承和创新""共同倡导加强国际人文交流合作"为主要内容的全球文明倡议。

"三大全球倡议"有力彰显中华文明鲜明的自主性、包容性、和平性精神底色，反映了新时代中国鲜明的全球治理观，为应对层出不穷的全球挑战贡献中国智慧、中国力量，为变乱交织的世界注入宝贵的稳定性和正能量，具有积极深远的时代意义。"三大全球倡议"提出以来，已经得到100多个国家和地区及国际组织的积极响应和支持。

（资料来源：根据人民网、中国政府网等有关资料整理）

构建人类命运共同体

构建人类命运共同体，是习近平总书记提出的重大原创性思想，是习近平外交思想的核心理念，是对"建设一个什么样的世界、如何建设这个世界"这一时代之问给出的中国答案。

中华人民共和国主席习近平2013年在莫斯科国际关系学院首次提出构建人类命运共同体理念，2015年在第七十届联合国大会一般性辩论时的讲话中明确其实现路径，2017年在联合国日内瓦总部演讲中提出建设"五个世界"的努力目标，并在多个国际场合就这一重大理念进行系统阐述，把国际社会的认知不断引向深入。

2023年中央外事工作会议上，习近平总书记明确了构建人类命运共同体作为一个科学体系的"四梁八柱"：以建设持久和平、普遍安全、共同繁荣、开放包容、清洁美丽的世界为努力目标，以推动共商共建共享的全球治理为实现路径，以践行全人类共同价值为普遍遵循，以推动构建新型国际关系为基本支撑，以落实全球发展倡议、全球安全倡议、全球文明倡议为战略引领，以高质量共建"一带一路"为实践平台，推动各国携手应对挑战、实现共同繁荣。这一系列重要论述，不仅形成了新征程上中国外交战略的顶层设计，也为推动世界走向和平、安全、繁荣、进步的光明前景指明了方向。

（资料来源：摘引自王毅同志发表于《求是》2025年第2期文章《高举人类命运共同体光辉旗帜 实现中国特色大国外交更大作为》）

中央周边工作会议

据新华社 4 月 9 日电　中央周边工作会议 2025 年 4 月 8 日至 9 日在北京举行。中共中央总书记、国家主席、中央军委主席习近平出席会议并发表重要讲话，系统总结新时代以来我国周边工作的成就和经验，科学分析形势，明确了今后一个时期周边工作的目标任务和思路举措，强调要聚焦构建周边命运共同体，努力开创周边工作新局面。

会议指出，我国幅员辽阔、边界线长，周边是实现发展繁荣的重要基础、维护国家安全的重点、运筹外交全局的首要、推动构建人类命运共同体的关键。要以全球视野审视周边，增强做好周边工作的责任感使命感。

会议认为，党的十八大以来，在以习近平同志为核心的党中央坚强领导下，我们提出亲诚惠容周边外交理念，倡导推动构建周边命运共同体，以元首外交为引领，同周边国家深化全方位合作、加强各领域交流、共同维护和平稳定，形成务实高效的周边工作框架，推动周边工作取得历史性成就、发生历史性变革。对于在实践中探索形成的经验，要坚持好、运用好。

会议指出，当前我国同周边关系处于近代以来最好的时期，同时也进入周边格局和世界变局深度联动的重要阶段。要坚持以习近平新时代中国特色社会主义思想为指导，紧紧围绕党和国家中心任务，统筹国内国际两个大局、发展安全两件大事，高举人类命运共同体旗帜，以建设和平、安宁、繁荣、美丽、友好"五大家园"为共同愿景，以睦邻、安邻、富邻、亲诚惠容、命运与共为理念方针，以和平、合作、开放、包容的亚洲价值观为基本遵循，以高质量共建"一带一路"为主要平台，以安危与共、求同存异、对话协商的亚洲安全模式为战略支撑，携手周边国家共创美好未来。

会议强调，构建周边命运共同体，要与周边国家巩固战略互信，支持地区国家走稳自身发展道路，妥善管控矛盾分歧；深化发展融合，构建高水平互联互通网络，加强产业链供应链合作；共同维护地区稳定，开展安全和执法合作，应对各类风险挑战；扩大交往交流，便利人员往来。

会议指出，做好周边工作，要加强党中央集中统一领导，加强各方面协调配合。深化体制机制改革，完善涉外法律法规体系。加强能力和队伍建设，推进周边工作理论和实践创新。

（资料来源：《人民日报》2025 年 4 月 10 日）

【重要表述】

坚持独立自主的和平外交政策

坚定奉行互利共赢的开放战略，反对霸权主义和强权政治，反对一切形式的单边主义、保护主义

中国愿同国际社会一道，倡导平等有序的世界多极化、普惠包容的经济全球化

【以题辅学】

题 12-1. 习近平总书记指出："人类文明多样性是世界的基本特征，也是人类进步的源泉。世界上有 200 多个国家和地区、2500 多个民族、多种宗教。不同历史和国情，不同民族和习俗，孕育了不同文明，使世界更加丰富多彩。"唯物史观关于社会形态的理论中，内在地包含着文明多样性的思想。下列关于人类文明多样性表述正确的有（　）。【2024 年度"考研"政治之多选题】

A. 独特的生产方式和生活方式决定着文明发展的不同样态

B. 各种文明都具有独自的比其他文明更优越、更强大的文化基因

C. 每一种文明都代表着一方文化的独特性，是人类文明的重要组成部分

D. 每一种文明都是在与其他文明相隔离的状态下独自产生、发展和演变的

题 12-2. 习近平总书记指出："经济全球化是社会生产力发展的客观要求和科技进步的必然结果，不是哪些人、哪些国家人为造出来的。经济全球化为世界经济增长提供了强劲动力，促进了商品和资本流动、科技和文明进步、各国人民交往。"导致经济全球化迅猛发展的因素有（　）。【2024 年度"考研"政治之多选题】

A. 信息技术革命打破了生产要素的地域限制，使整个世界生产连成一片

B. 国际分工和生产要素全球流动的比较优势，促进了产业链深度融合

C. 发达国家主导制定的贸易和竞争规则，使广大发展中国家成为主要受益者

D. 国际经济组织成员国对本国或本地区市场控制的放松，加快了贸易投资自由化

题 12-3. 在中方支持下，2023 年 3 月 6 日至 10 日，沙特阿拉伯与伊朗在北京举行对话。3 月 10 日，中沙伊三方签署并发表联合声明，宣布沙伊双方同意恢复外交关系。这是党的二十大后中国外交的"大手笔"。中方推动沙伊握手言和的重要意义表现在（　）。【2024 年度"考研"政治之多选题】

A. 创造了调解冲突的新范式，为其他地区热点问题的解决提供了新思路

B. 使得沙伊矛盾得以最终解决

C. 助力中东地区实现和平、稳定与安全

D. 为国际社会注入和平合作的正能量

题 12-4. 2023 年 9 月 18 日至 26 日，第七十八届联合国大会高级别周在联合国总部进行。相比以往，本届联大将更多目光投向了"全球南方"，议程主要着眼于"全球南方"国家提出的需求，讨论气候变化、主权债务减免、如何帮助陷入困境的国家实现联合国在繁荣、健康、发展、教育、性别平等方面的发展目标。中国作为世界上最大的发展中国家，在本届联大期间出席多场会议，表达"全球南方"天然成员的诉求与主张。"全球南方"国家的声音更响亮，是本届联大的亮点。这表明（　）。【2024 年度"考研"政治之单选题】

A. 全球南北对话的僵局已经破解

B. "全球南方"国家在国际组织中的话语权和影响力占据了主导地位

C. 南方国家改变国际秩序游戏规则的议题成为国际社会的普遍共识

D. 国际力量对比正在发生深刻变化，百年变局正在深入发展演进

题 12-5. 2024 年 9 月 4 日至 6 日，中非合作论坛在京召开，中非合作论坛最重要的成果之一是首次提出（　）。【2025 年度"考研"政治之单选题】

A. 支持非盟成为二十国集团成员

B. 欢迎更多非洲国家加入"金砖大家庭"

C. 在非洲启动建设农业发展与减贫示范村

D. 在非洲打造全球安全倡议"合作示范区"

题 12-6. 金砖合作机制诞生于新兴市场和发展中国家群体性崛起的历史大潮中，牵动着世界格局演变和国际力量对比，成立 18 年来，金砖不断发展壮大，金砖国家的人口占全球近一半，经济总量占世界比重超过三成，对世界经济增

长贡献率超过 50%。2024 年 10 月 22 日至 24 日金砖国家领导人第十六次会晤在喀山举行，决定邀请新一批国家成为金砖伙伴国，金砖机制持续壮大。金砖合作常葆活力关键在于（　）。【2025 年度"考研"政治之多选题】

A. 以开放包容为胸襟　　　　　B. 以合作共赢为目标

C. 以公平正义为追求　　　　　D. 以构建同盟为路径

参考答案：

题 12-1. AC

题 12-2. ABD

题 12-3. ACD

题 12-4. D

题 12-5. D

题 12-6. ABC

【学习问答】

问 12-1　如何做好 2025 年外交工作？

答： 2025 年是"十四五"规划收官之年。要深入贯彻习近平外交思想，按照党中央对外交工作的总体部署，高举和平、发展、合作、共赢旗帜，为以中国式现代化全面推进强国建设、民族复兴伟业营造更加稳定有利的外部环境，为促进世界和平与进步作出新贡献。重点应把握以下几个方面：

（一）统筹做好元首外交各项活动安排。精心设计元首外交的政治议程，周密安排领导人出访和出席国际多边会议的各项活动。办好中国人民抗日战争暨世界反法西斯战争胜利 80 周年纪念大会，展示中国坚定做维护世界和平中坚力量的决心。举行上海合作组织峰会，以"弘扬'上海精神'：上合组织在行动"为主题，总结经验、凝聚共识，推动构建更加紧密的上合命运共同体。继续办好博鳌亚洲论坛、中国国际进口博览会等重要活动，做好我国领导人出席金砖国家领导人会晤、二十国集团领导人峰会、亚太经合组织领导人非正式会议等多边峰会的筹备工作。

（二）积极推动建设开放型世界经济。中国坚定奉行互利共赢的开放战略，维护以 WTO 为核心的多边贸易体制，坚定支持自由贸易和开放合作，反对保护主义和单边主义，共同维护全球产业链供应链稳定安全畅通。坚定扩大高水平对外开放，有序扩大自主开放和单边开放，推动中国—东盟自贸区 3.0 版升级议定书签署实施。

推动高质量共建"一带一路"八项行动取得新成效，统筹推进重大项目标志性工程和"小而美"民生项目建设，形成一批示范性合作成果，持续推动数字、绿色、创新、文旅、减贫等领域合作。深入落实全球发展倡议，助力发展中国家自主发展能力建设。落实和保障好对外国人免签和过境免签政策措施，为中外人员出入境提供高效优质领事服务。

（三）不断扩大同各国友好合作。中国坚持在和平共处五项原则基础上同各国发展友好合作，坚持走和平发展道路。推动中美尊重彼此核心利益和重大关切，妥处双方分歧、回归互利共赢，力争两国关系稳定、健康、可持续发展；夯实中俄新时代全面战略协作伙伴关系，坚定相互支持、深化务实合作、加强战略沟通、维护国际公正；加强中欧战略和高层对话，推动中欧经贸、绿色、数字、气候变化等领域合作和人员往来，引领中欧关系沿着独立自主、相互成就、造福世界的方向稳步向前。

推进东亚区域合作和自贸区建设，支持举办第二届中国—中亚峰会，不断巩固周边命运共同体。推动落实中非携手推进现代化十大伙伴行动，加快构建中阿"五大合作格局"，以中拉论坛运行 10 周年为契机开启合作新起点，为全球南方联合自强注入新动力。加强同各国教育、文化、科技、青年、地方等方面的人文交流，促进不同文明间平等对话、包容互鉴、共同进步。

（四）坚定践行真正的多边主义。中国始终坚持维护世界和平、促进共同发展的外交政策宗旨，反对霸权主义和强权政治，坚决维护国际公平正义。以联合国成立 80 周年为契机，重申坚定维护以联合国为核心的国际体系、以国际法为基础的国际秩序、以联合国宪章宗旨和原则为基础的国际关系基本准则，倡导和坚持践行真正的多边主义。积极参与和引领全球治理体系改革和建设，倡导平等有序的世界多极化和普惠包容的经济全球化，与国际社会一道践行共商共建共享的全球治理观，落实全球三大倡议，弘扬全人类共同价值，共同应对全球性挑战、推动国际开放合作。

认真筹划上海合作组织"中国年"，传承"上海精神"，深化友好互信，推动地区合作迈上新台阶。支持巴西、南非举办金砖国家领导人会晤和二十国集团领导人峰会，扩大非洲、拉美等全球南方影响力。践行中国特色热点问题解决之道，积极劝和促谈，推动政治解决，为解决乌克兰危机、巴以冲突以及朝鲜半岛、缅甸等热点问题继续发挥重要建设性作用。中国始终做世界和平的建设者、全球发展的贡献者、国际秩序的维护者，为推动构建人类命运共同体而不懈努力。

附　录

教育部部长怀进鹏在首场"部长通道"回应教育热点
提高人才培养质量 办强办优基础教育

3月5日上午，十四届全国人大三次会议第一场"部长通道"在人民大会堂举行，教育部部长怀进鹏就提高人才培养质量、办强办优基础教育回答了记者提问。

引导学校面向国家战略和产业急需培养人才

新华社记者：最近一段时间，DeepSeek（深度求索）、智能机器人等引起广泛关注，当前新技术、新产业、新业态、新模式不断涌现，对相关人才的需求也越来越迫切。请问，教育部将采取哪些措施来培养更多服务国家战略、科技进步与产业需求的人才？

怀进鹏：DeepSeek 和机器人最近一段时间引起国内外广泛关注，从一个方面也说明了中国科技创新和人才培养的效果。但与此同时，也向我们提出了面对重大科技革命和产业变革，教育如何应对的问题。历史上每一次重大科技革命和产业变革都对社会提出了特别重要的需求，尤其是对教育，所以这也是教育改革和发展的重大机遇。

习近平总书记在去年全国教育大会上强调，要以科技发展、国家战略需求为牵引，着眼提高创新能力，优化高等教育布局，完善高校学科设置调整机制和人才培养模式。李强总理在政府工作报告中也特别提到这一点。教育部将以制定和实施教育强国建设三年行动计划为基本出发点，推动高等教育综合改革，主要有三点考虑。

第一，在制度和机制上推动创新。我们会加大产教融合和科教融汇的力度，协同相关部门共同建立有利于人才成长和创新发展相融合的生态和组织机制，围绕产业变革加快和加强学科布局。以产教融合为基础，推动卓越工程师学院建设，目前已建立了40家国家卓越工程师学院，未来将会进一步扩大。与产业加强合作，聘请2000多位企业的总师、1万多名企业工程师一起培养人才，来自实践的课题超过5000个。我们分类推进高校改革发展，根据高校的不同特点，鼓励办出自己的特色和优势。在这个基础上，加大力度推进评价体系改革，更好地引导学校面向国家战略和产业急需培养人才。

第二，推出战略行动，在服务国家战略和科技发展中加快加强人才培养。一是体现在基础学科。科学技术有它的规律、有科学的范式。如何结合科学规律和科学范式培养人才？我们将深入实施"强基计划"，继续加大基础学科人才培养力度，在数学、计算机等领域，推动核心课程、核心师资队伍和核心教材等建设。二是围绕国家战略技术发展需要优化学科设置，推动新兴学科和交叉学科的人才培养，遵循科技革命、产业变革的规律加强人才培养，加快布局人工智能、生物技术、新能源、新材料等领域学科建设。三是扎实推进优质本科扩容，加强"双一流"建设，大力提升职业教育质量。职业教育为我国的现代产业、现代制造业作出了相当大的贡献，这个领域70%的人才来自职业教育的培养。

第三，推进试点。发挥地方和高校的创新动能，先行先试，在科教融汇、产教融合中建立示范区。在任何一个国家，高等教育都是国家战略的宝贵资源，要把高校已经积聚的知识创新和技术能力，有效地服务区域发展和国家战略。我们推动建设高校区域技术转移转化中心，布局高等研究院，与人工智能、生物技术等重要领域相结合，适应国家战略和科技发展需要。建立研究生、本科和高职三个学科专业目录统一调整机制，建立人才供需动态监测机制，既要适应还要适度超前，快速跟进产业发展。

科技革命正在深入开展，我们要继往开来，与时俱进，坚持开门办教育，深化国际开放合作办教育，服务中国式现代化，服务教育强国建设，为民族复兴作出教育的贡献。

扎实推进基础教育扩优提质

中国教育电视台记者：基础教育关系着千家万户，老百姓都非常关心。请问，教育部今年在这方面有什么重要举措？对于落实政府工作报告中的相关要求，又有怎样的考虑？

怀进鹏：基础教育关系千家万户，是老百姓最关心关切的事。中国基础教育有将近50万所学校，有2.3亿名学生。怎么看我国的基础教育？

一是学前教育入园率达到91.1%，义务教育巩固率达到95.7%，中国作为发展中大国，这个数据在全球比，处于世界高收入国家行列。二是高中阶段教育的毛入学率达到世界中高收入国家水平。三是全国2895个县全部实现了义务教育基本均衡，城镇务工随迁子女85%都能够进入公办学校就读。

习近平总书记高度重视办好基础教育，这次政府工作报告又作出专门部署。今年，我们将重点关注两件事。一是教育资源配置。随着人口变化和城镇化的发展，推进"市县结合"的管理体制，完善动态调整机制，适应社会和人口结构的调整。二是县中振兴。近60%的普通高中生是在县中学习。我们将深入实施"县中振兴"行动计划，优化学校布局、加强师资配备，吸引和培养优秀教师到县中，使县中更好地服务乡村学生。

此外，我们会进一步加大力度推进优质均衡发展。加强义务教育学校标准化建设，建好寄宿制学校，提供更好的教育环境。加强综合高中建设，更好地统筹职普融通。提升随迁子女的教育质量。加强师资队伍建设，把优秀中小学教师和校长的交流作为提高质量的重要内容。我们还会继续加大国家智慧教育平台建设，把人工智能与教育结合起来。今年将发布中国人工智能教育白皮书。提升学生在数字化时代、智能化时代的素养和能力，进一步加强科技教育和人文教育的融合。

大家可能都注意到，春季学期开学，北京、安徽、甘肃等20多个省份开始实践"课间15分钟"，我们希望学生心里有阳光、身体能出汗，为未来奠定良好的基础。

今天李强总理在政府工作报告中提到，要逐步推行免费学前教育，大家都很关心。教育部将会同相关部门研究出台相关政策，切实把普及普惠、教育布局和教师队伍建设做扎实。今年6月1日，学前教育法将正式实施，我们将推动制度、政策、保障机制深入落实，鼓励有条件的幼儿园为2—3岁的幼儿提供托育服务，切实把生育、养育和教育有机结合起来，为老百姓提供更多实惠。

（资料来源：《中国教育报》2025年3月6日第2版，记者欧媚、林焕新）

教育部高校学生司（高校毕业生就业服务司）负责人答记者问

近日，中共中央办公厅、国务院办公厅印发了《关于加快构建普通高等学校毕业生高质量就业服务体系的意见》（以下简称《意见》）。教育部高校学生司（高校毕业生就业服务司）负责人就相关问题回答了记者提问。

问： 请介绍《意见》出台的背景。

答： 高校毕业生是党和国家宝贵的人才资源。党中央、国务院高度重视高校毕业生就业工作。习近平总书记作出系列重要指示批示，强调"要把服务高质量发展作为建设教育强国的重要任务""把高校毕业生等青年群体就业作为重中之重""强化就业创业服务体系建设"。《教育强国建设规划纲要（2024—2035年）》部署，"加快构建高校毕业生高质量就业服务体系，促进高校毕业生高质量充分就业"。

高校毕业生就业工作是高等教育与经济社会发展需求的有效连接点，具有鲜明的政治属性、人民属性、战略属性。当前，我国高等教育迈入普及化阶段，高校毕业生规模持续增长，从2022年起连续三年突破千万，已成为我国城镇新增就业绝对主体。围绕促进高等教育人才供需适配，为经济社会高质量发展提供更有力人才支撑，迫切需要突出问题导向，着力破解供需适配、服务升级、机制优化等方面问题。

为做好《意见》制订工作，中央教育工作领导小组加强统筹领导，教育部认真学习习近平新时代中国特色社会主义思想，深入贯彻党的二十大和二十届二中、三中全会精神，全面学习领会习近平总书记关于教育的重要论述和重要指示批示精神，会同相关部门深入开展调研论证，广泛征求各地区各部门、有关高校、专家学者和用人单位等意见建议。

构建高校毕业生高质量就业服务体系，是畅通教育、科技、人才良性循环的重要着力点。《意见》出台后，将有效推动落实立德树人，进一步优化高校毕业生就业工作体制机制，解决好人力资源供需不匹配的结构性就业矛盾，促进高校毕业生高质量充分就业。

问：请介绍《意见》的结构和主要内容。

答：《意见》主体共7个部分20个条目，由第一部分"总体要求"和"六大体系"组成。

第一部分"总体要求"，主要回答构建高校毕业生高质量就业服务体系的根本遵循、基本路径和工作目标等核心问题。构建高校毕业生高质量就业服务体系，要坚持以习近平新时代中国特色社会主义思想为指导，深入贯彻党的二十大和二十届二中、三中全会精神，实施就业优先战略，把高校毕业生就业作为重中之重。关于构建体系的基本路径，要以产业端人才需求和就业端评价反馈为指引，全链条优化培养供给、就业指导、求职招聘、帮扶援助、监测评价等服务，开发更多有利于发挥所学所长的就业岗位，完善供需对接机制。关于构建体系的工作目标，提出经过3至5年持续努力，基本建立覆盖全员、功能完备、保障有力的服务体系，为促进高校毕业生高质量充分就业提供坚实保障。

"六大体系"可以划分为三个板块，由优化培养供给体系、升级传统就业服务体系、巩固支持保障体系共同组成。

第一板块：第二部分，优化培养供给体系。提出科学研判人才发展趋势及缺口状况，以促进供需适配为导向动态调整高等教育专业和资源结构布局，完善就业与招生计划、人才培养联动机制。

第二板块：第三至第六部分，升级传统就业服务体系。包括：一是强化就业指导体系，突出育人核心，提出做实生涯教育与就业指导等3项举措。二是健全求职招聘体系，突出精准便捷，提出强化校园招聘和就业市场服务等4项举措。三是完善帮扶援助体系，突出能力提升，提出健全困难帮扶机制等2项举措。四是创新监测评价体系，突出科学高效，提出健全就业形势研判和进展监测机制等2项举措。

第三板块：第七部分，巩固支持保障体系。对建强高校毕业生就业服务机构、打造专业化就业指导教师队伍、推广数字化就业服务新模式等提出要求。明确强化组织实施，各地区各有关部门要完善高校毕业生就业工作制度，抓好《意见》贯彻落实。

问：《意见》将优化培养供给体系置于构建高校毕业生高质量就业服务体系

的首位，有怎样的考虑？

答：从强化现代化建设人才支撑看，当前高等教育供给与社会需求适配不够的问题亟待解决。近年来，随着高等教育普及化纵深推进，高校毕业生已成为我国城镇新增就业绝对主体，预计今后十年高校毕业生总量还会持续增长。破解社会需求真实性、教育供给有效性、供需适配精准性的问题，成为当前教育系统迫切需要解决的现实性问题。

《意见》着眼推动社会需求侧建立关于人才发展趋势及缺口状况的研究发布机制，教育系统构建以促进供需适配为导向的高等教育管理体制和人才培养模式，作为构建高质量就业服务体系的重要前提。

一是聚焦人才需求侧，提出科学研判人才发展趋势及供需状况。关于供需状况，提出推进人才需求数据共享归集，建设人才需求数据库。关于人才发展趋势，提出开展人才供需关系前瞻性分析，定期发布急需学科专业引导发展清单。

二是聚焦教育供给侧，提出动态调整高等教育专业和资源结构布局。围绕推动高等教育规模、结构、质量更加契合经济社会高质量发展要求，提出优化高校层次类型和区域布局，优化调整学科专业设置，优化高校资源配置。

三是强化就业端反馈，提出完善招生计划、人才培养与就业联动机制。对于招生计划调整，提出优化招生计划分配方式。对于人才培养模式改革，提出鼓励高校建立更灵活的学习制度，根据职业标准对接转换更新人才培养方案。

问：《意见》在健全求职招聘体系方面有哪些新举措？

答：求职招聘是高校毕业生就业工作的关键环节，高校、毕业生、用人单位都十分关注。当前，求职招聘工作合力依然不足，还不能完全满足高校毕业生对高品质服务的需要。

《意见》注重发挥校园招聘活动对于促进人岗对接的重要作用，突出精准便捷导向，推出系列新举措。

一是强化校园招聘和就业市场服务。着眼促进岗位资源共享，提出建设一批区域性、行业性高校毕业生就业市场。着眼发挥创业带动就业作用，提出优化大学生创新创业服务。着眼鼓励多渠道就业，提出支持到新业态新模式、中小微企业等就业创业。

二是推进重点领域人才服务。针对国家重大战略等需求，提出提供多元化精准化就业服务。针对培养重点领域急需紧缺人才，提出实施供需对接就业育人项目。针对提高重点领域就业吸引力，提出畅通高校毕业生流动渠道，实施重点领域和基层就业专项计划。

三是优化规范招聘安排和秩序。一方面，提出统筹党政机关、事业单位、国有企业等招聘（录）时间安排，合理确定各类职业资格考试时间。另一方面，提出高校统筹安排教育教学与就业工作进程，为毕业生在校期间求职预留时间。

四是发挥多元主体作用。围绕拓宽市场化社会化就业渠道，开发新的就业增长点，提出支持民营企业稳岗拓岗。针对群团组织、人力资源服务机构和社会组织等，分类提出为高校毕业生提供特色化、专业化的就业服务。

问：如何抓好《意见》贯彻落实？

答：贯彻落实好《意见》，是当前和今后一个时期各级党委和政府的重要任务。教育系统要积极开展多形式、分层次、全覆盖的学习培训，引导广大党员干部教师把思想和行动统一到党中央决策部署上来，推动各项工作落地见效。

为抓好《意见》贯彻落实，教育部坚持远近结合，完善高校毕业生就业工作制度。一方面，结合"六大体系"推出系列具体实施方案，有序推动《意见》部署各项任务落到实处；另一方面，全力做好 2025 届高校毕业生就业工作，率先推出系列优化就业服务举措，全力促进高质量充分就业。

高校毕业生就业联系教育内外，关系千家万户，实施好《意见》是全社会的共同责任。要广泛宣传报道各地各高校学习贯彻《意见》的进展成效，努力营造全社会共同关心支持高校毕业生就业的良好社会环境和舆论氛围。

（资料来源：教育部网站 2025 年 4 月 8 日刊载，原标题为《加快构建高质量就业服务体系 促进高校毕业生高质量充分就业——教育部高校学生司（高校毕业生就业服务司）负责人就〈关于加快构建普通高等学校毕业生高质量就业服务体系的意见〉答记者问》）

《政府工作报告》50 题

2024 年工作回顾

1. 国内生产总值达到 134.9 万亿元、增长 _____。

2. 国内生产总值增速居世界主要经济体前列，对全球经济增长的贡献率保持在 _____ 左右。

3. 城镇新增就业 _____ 人、城镇调查失业率平均为 5.1%。

4. 对外贸易规模创历史新高，国际市场份额稳中有升，外汇储备超过 _____ 美元。

5. 民生保障扎实稳固，居民人均可支配收入实际增长 _____。

6. 粮食产量首次跃上 _____ 斤新台阶、亩产提升 10.1 斤。

7. 新能源汽车年产量突破 _____ 辆。

8. 创新能力有新提升，集成电路、_____、量子科技等领域取得新成果。

9. _____ 实现人类首次月球背面采样返回，_____ 大洋钻探船建成入列。

10. 扎实推进"两重"建设，加力支持"两新"工作，设备购置投资增长 _____，家电类商品零售额增长 _____。

11. 下调住房贷款利率和首付比例，居民存量房贷利息年支出减少约 _____ 元。

12. 扩大单方面免签国家范围，过境免签境内停留时间延长至 _____ 小时，入境旅游持续升温。

13. 稳定工业经济运行，推进制造业技术改造升级，制造业投资增长 _____。

14. 加快数字中国建设，数字经济核心产业增加值占国内生产总值比重达到 _____ 左右。

15. 出台实施新型城镇化战略五年行动计划，扎实推进城市更新，常住人口城镇化率提高到 _____。

16. 国家奖助学金提标扩面、助学贷款提额降息，惠及学生 _____ 人次。

17. 向困难群众发放一次性生活补助，惠及 _____ 人。

2025 年发展主要预期目标和工作任务

18. 国内生产总值增长 ＿＿＿＿ 左右。

19. 城镇调查失业率 ＿＿＿＿ 左右，城镇新增就业 ＿＿＿＿ 人以上。

20. 居民消费价格涨幅 ＿＿＿＿ 左右。

21. 居民收入增长和 ＿＿＿＿ 同步。

22. 国际收支保持 ＿＿＿＿。

23. 粮食产量 ＿＿＿＿ 斤左右。

24. 单位国内生产总值能耗降低 ＿＿＿＿ 左右。

25. 生态环境质量 ＿＿＿＿。

26. 安排超长期特别国债 ＿＿＿＿ 元支持消费品以旧换新。

27. 落实和优化休假制度，释放 ＿＿＿＿、＿＿＿＿、＿＿＿＿ 等消费潜力。

28. 今年中央预算内投资拟安排 ＿＿＿＿ 元。

29. 开展新技术新产品新场景大规模应用示范行动，推动 ＿＿＿＿、＿＿＿＿、＿＿＿＿ 等新兴产业安全健康发展。

30. 建立未来产业投入增长机制，培育生物制造、量子科技、＿＿＿＿、6G 等未来产业。

31. 持续推进 ＿＿＿＿ 行动，将数字技术与制造优势、市场优势更好结合起来，支持大模型广泛应用。

32. 坚持创新引领发展，一体推进 ＿＿＿＿ 发展、＿＿＿＿ 创新、＿＿＿＿ 培养，筑牢中国式现代化的基础性、战略性支撑。

33. 制定实施教育强国建设 ＿＿＿＿ 行动计划。

34. 加强义务教育学校标准化建设，推动义务教育优质均衡发展，扩大高中阶段教育学位供给，提升县域高中质量，逐步推行 ＿＿＿＿。

35. 充分发挥 ＿＿＿＿ 优势，强化关键核心技术攻关和前沿性、颠覆性技术研发，加快组织实施和超前布局重大科技项目。

36. 扎实推进重点领域改革，着力破除制约发展的体制机制障碍，创造 ＿＿＿＿、＿＿＿＿ 的市场环境。

37. 扎扎实实落实 ＿＿＿＿ 的法律法规和政策措施，切实依法保护民营企业和民营企业家合法权益。

38. 加快建立健全基础制度规则，破除地方保护和市场分割，打通市场准入退出、要素配置等方面制约经济循环的卡点堵点，综合整治 ＿＿＿＿ 竞争。

39. 无论外部环境如何变化，始终坚持 _____ 不动摇，稳步扩大制度型开放，有序扩大自主开放和单边开放，以开放促改革促发展。

40. 加强外资企业服务保障，加快标志性项目落地，持续打造 _____ 品牌。

41. _____ 调减限制性措施，加力实施城中村和危旧房改造，充分释放刚性和改善性住房需求潜力。

42. 坚持农业农村优先发展，学习运用 _____ 经验，完善强农惠农富农支持制度。

43. 巩固和完善农村基本经营制度，有序推进第二轮土地承包到期后再延长 _____ 试点，扩大整省试点范围。

44. 完善实施 _____ 战略机制，坚持以人为本提高城镇化质量水平，构建优势互补的区域经济布局和国土空间体系。

45. 深入实施 _____、东北全面振兴、中部地区加快崛起、东部地区加快推进现代化等战略。

46. 进一步深化生态文明体制改革，统筹产业结构调整、污染治理、生态保护、应对气候变化，推进 _____、节约集约、绿色低碳发展。

47. 就业是 _____。要完善就业优先政策，加大各类资金资源统筹支持力度，促进充分就业、提高就业质量。

48. 居民医保和基本公共卫生服务经费人均财政补助标准分别再提高 _____ 元和 _____ 元。

49. 城乡居民基础养老金最低标准再提高 _____ 元，适当提高退休人员基本养老金。

50. 今年将开展 _____ 编制工作。要深入分析"十五五"时期新的阶段性特征，科学确定发展目标，谋划好重大战略任务、重大政策举措、重大工程项目，更好发挥规划对经济社会发展的引领指导作用。

答 案

1. 5%

2. 30%

3. 1256万

4. 3.2万亿

5. 5.1%

6. 1.4万亿

7. 1300万

8. 人工智能

9. "嫦娥六号"，"梦想"号

10. 15.7%，12.3%

11. 1500亿

12. 240

13. 9.2%

14. 10%

15. 67%

16. 3400多万

17. 1100多万

18. 5%

19. 5.5%，1200万

20. 2%

21. 经济增长

22. 基本平衡

23. 1.4万亿

24. 3%

25. 持续改善

26. 3000亿

27. 文化，旅游，体育

28. 7350亿

29. 商业航天，低空经济，深海科技

30. 具身智能

31. "人工智能+"

32. 教育，科技，人才

33. 三年

34. 免费学前教育

35. 新型举国体制

36. 更加公平，更有活力

37. 促进民营经济发展

38. "内卷式"

39. 对外开放

40. "投资中国"

41. 因城施策

42. "千万工程"

43. 30年

44. 区域协调发展

45. 西部大开发

46. 生态优先

47. 民生之本

48. 30，5

49. 20

50. "十五五"规划

（资料来源：人民日报官方微博2025年3月10日，根据新华社受权发布的《政府工作报告》有所修改）

索　引

名词浅释及资料拓展索引

（以汉语拼音顺序排序）

图表索引